Las
RECETAS
de casa

María Marqués

Las
RECETAS
de casa

EJ

EDITORIAL JUVENTUD
PROVENÇA, 101 - BARCELONA

  María Marqués, 1998
© Editorial Juventud, Barcelona, 1998
Primera edición, 1998
Depósito Legal: B. 19.534-1998
ISBN 84-261-3080-1
Núm. de edición de E. J.: 9.534
Impreso en España - Printed in Spain
Galaor S. L., c/ San Lluc, 10-12 - 08912 Badalona (Barcelona)

Este libro no pretende ser un libro de cocina. Son las recetas de casa, que en un principio recopilé para mis hijos.

Ellos me han animado a publicarlas esperando que, como a ellos, ayuden a muchos jóvenes a solucionar el día a día en la cocina.

Son recetas sencillas, algunas tradicionales, otras de familia, de amigos, de restaurantes... Todas han sido comprobadas personalmente y adaptadas a mi gusto intentando hacerlas fáciles, rápidas y, en su mayoría, baratas. Los consejos que doy son los adquiridos a lo largo de mis años de experiencia, que ya son muchos.

Dedico estas páginas a mis hijos y a todos los jóvenes que se inician en el arte culinario, esperando contribuir con un granito de arena a hacerles la vida más «sabrosa».

ÍNDICE

SOPAS

ENSALADAS

Ensalada de aguacate 39
Mousse de aguacates 39
Aguacates rellenos 40
Carpaccio de alcachofas
  o champiñones 40
Ensalada de berros 40
Ensalada de col lombarda 40
Ensalada de endibias 41
Ensalada de endibias y berros 41
Ensalada de endibias y piña 41
Ensalada de endibias y pollo 41
Ensalada de endibias y queso 42
Ensalada Finisterre 42
Ensalada de garbanzos 42
Ensalada de alubias blancas 42
Ensalada de judías verdes
  y champiñones 43
Ensalada de judías verdes y paté 43
Ensalada de judías verdes y pasta 43
Ensalada de judías verdes
  y tallarines 44
Ensalada de langostinos 44

Ensalada de lechuga y cebolla 44
Ensalada de lechuga y naranja 44
Ensalada *niçoise* 45
Ensalada de patatas y aceitunas 45
Ensalada de patatas alemana 45
Ensalada de patatas, cebolla
  y tomate 46
Ensalada de patatas y jamón 46
Ensalada de pollo - 1   46
Ensalada de pollo - 2   46
Ensalada de pollo - 3   47
Ensalada Pompidou 47
Ensalada puente romano 47
Ensalada rusa 48
Ensalada rusa Concha 48
Ensalada rusa
  de pescado o pollo 48
Ensalada rusa
  de queso blanco 49
Ensalada de queso caliente 49
Tomates rellenos 49
Ensalada tricolor 50

VERDURAS Y LEGUMBRES

VERDURAS Y LEGUMBRES

PASTAS

ARROCES

HUEVOS

SALSAS

PESCADOS Y MARISCOS

CARNES

CARNES

VARIOS

> **La mayoría de las recetas están calculadas para cuatro personas.**

Medidas de referencia:

Cuando se habla de *cucharada,* siempre se refiere a la cuchara de sopa.

Una *cucharada*: debe tener la misma altura por arriba que por abajo. Se consigue llenando la cuchara y con un movimiento de vaivén hacer que caiga lo sobrante. Más o menos son 20 g.

Una *cucharada colmada*: debe tener toda la harina que admite la cuchara. Más o menos son 30 g.

Una *cucharada rasa*: se consigue pasando por encima un cuchillo para quitar lo sobrante. Más o menos son 6 g.

Cucharada pequeña es la de postre o té.

Cucharadita es la de café.

Una *taza* es el equivalente a una taza de té (200 ml).

Una *tacita* es una taza de café (70 ml).

Un *vaso* es un vaso de agua (200 ml).

Un *vasito* es un vaso de vino (130 ml).

9 cucharadas de líquido son el equivalente a 100 ml.

SUGERENCIAS Y TRUCOS

No empezar nunca una receta sin haberla leído entera y tener preparados todos los ingredientes.
La temperatura del horno siempre es media, si no se especifica otra cosa.

Sofrito:

Picar la cebolla muy fina y ponerla en una sartén con aceite que la cubra. La sartén debe ser pequeña para que la cebolla quede apretada, sin flotar en el aceite. Se fríe a fuego muy suave hasta que esté bien dorada, toda por un igual. Al principio se puede tapar (para ir más rápido y tener que vigilar menos) pero cuando empieza a ablandarse y ponerse transparente, hay que destaparla e ir removiendo a menudo. Se puede añadir aceite si hace falta.

Cuando está suficientemente dorada, se añade el tomate rallado y se fríe hasta que se ve que está cocido y el aceite sale a la superficie. Siempre con fuego suave.

Calcular cuatro tomates pequeños para una cebolla mediana.

Si se hace con la cebolla picada muy fina y el tomate rallado, no hace falta pasarlo por el pasapurés.

La cebolla queda mejor picada que rallada.

También se le puede añadir zanahoria, pimiento verde, puerro, etc.

Es muy práctico tener en la nevera cebolla picada sofrita. Se guarda con su aceite en un recipiente que cierre bien. Una cucharada de cebolla frita equivale a media cebolla.

También se debe tener siempre salsa de tomate. Saca de muchos apuros. Entonces para hacer el sofrito se pone: por una cucharada de cebolla, tres de salsa de tomate y se deja sofreír junto cinco minutos. Una cucharada de salsa de tomate equivale a un tomate mediano.

Salsa de tomate:

Se puede hacer cada semana o cada quince días en invierno.

Siempre es mejor guardarla en un recipiente pequeño para que tenga menos aire.

Se conserva muy bien en la nevera pero hay que ir cambiándola a otro recipiente limpio a medida que se usa. Lo que queda adherido a las paredes es lo que se estropea.

> *Sofreír:* Es freír ligeramente con poco fuego y poca grasa.
> *Saltear:* Es freír a fuego vivo con poca grasa.
> *Rehogar:* Es freír un alimento para que tome color, antes de añadirle líquido.

Salsa bechamel normal:

Una cucharada de harina y una de mantequilla por cada cuarto de litro de leche (para espinacas a la crema, volovanes, etc.).

Salsa bechamel clarita:

Una cucharada colmada de harina y una de mantequilla por cada medio litro de leche (para cubrir canelones, lasaña, etc.).

Salsa bechamel espesa:

Tres cucharadas de harina y dos de mantequilla por cada medio litro de leche (para croquetas, conchas, etc.).

En muchas recetas se puede *sustituir la mantequilla* por margarina vegetal. O usar mitad y mitad. No resulta tan sabroso pero es más digestivo, tiene menos colesterol y ¡engorda menos!

Cuando se hace una *salsa o crema con antelación,* ponerle por encima bolitas de mantequilla, o un chorrito de leche, o film transparente húmedo. Para que no se forme costra.

Para que los flanes y pudines no se peguen al molde, se engrasa éste con aceite. En el fondo se pone papel de aluminio cortado del tamaño del fondo y se vuelve a engrasar con aceite.

Para los *soufflés,* se engrasa la fuente con mantequilla y se espolvorea con pan rallado. Se vuelca la fuente para que caiga el pan sobrante.

Para calentar alimentos en fuentes grandes (que, por ejemplo no caben en el microondas) se pone agua en la bandeja del horno y sobre ésta se pone la fuente tapada con papel de aluminio. Horno medio.

O bien, encender previamente el horno a máxima temperatura durante un cuarto de hora. Apagarlo y meter un ratito lo que hay que calentar, siempre tapado para que no se reseque. Este sistema es útil para carne u otros alimentos que se calientan rápido y no tienen que estar hirviendo.

Todo lo que al pelar o cortar se pone negro: endibias, aguacates, alcachofas, manzanas, champiñones, etc.; además de rociarlo con limón, si se prepara con tiempo, debe taparse con film transparente tocando el alimento. Al no tener aire se conserva mejor.

Cuando se tiene que *pasar algo por el pasapurés* es mejor hacerlo en caliente.

Para *batir claras a punto de nieve* es indispensable que el recipiente donde se baten, esté perfectamente limpio y que no caiga nada de yema. Es aconsejable batirlas a máquina.

Para *freír perejil picado,* hay que echarlo en aceite muy caliente y sacarlo enseguida.

Las patatas , hay que freírlas con antelación y dejarlas escurriendo. Cuando se vayan a comer, echarlas en aceite muy caliente.

Los fritos, si no se dice lo contrario, se hacen con mucho aceite.

Para *freír croquetas o buñuelos,* el aceite debe estar humeante, pues el alimento ya está cocido por dentro.

Rebozado a la romana: Se hace pasando el alimento por harina y después por huevo batido. Aceite abundante y caliente.

Rebozado a la andaluza: Se hace pasando el alimento sólo por harina. Aceite abundante y caliente.

Rebozado de buñuelo: Se hace pasando el alimento por una pasta cremosa de agua, harina y sal. Aceite abundante y caliente.

Utensilios: Para trabajar bien y rápido en la cocina, deben tenerse los cuchillos muy afilados. Son necesarios dos cuchillos pequeños (para verduras, cebolla, etc.); uno pequeño de sierra (para cortar rodajas de tomate, fruta, etc.); uno grande para carne.
También es aconsejable:
Unas tijeras de cocina bien afiladas.
Un pelador para las zanahorias, para quitar los hilos a las judías, etc.
Unas cucharas de madera serán preferibles a las de metal.
Una espátula de madera, para dar la vuelta al pescado y cosas delicadas.
Unas pinzas para la carne.
Una báscula.
Un medidor de líquidos.

Presentar siempre en la mesa las bandejas arregladas. No sólo se debe «poner» la comida en una fuente. Hay que presentarla atractiva, para comer primero con los ojos.

SOPAS

Se pueden hacer con caldo hecho en casa o con agua y pastillas de caldo concentrado.

Cuando queremos que queden más espesas, se ponen a hervir destapadas, para que se consuma el líquido.

Si son cremas, se pueden espesar con puré de patata o con un poco de arroz blanco muy triturado.

Si necesitamos más caldo, se puede alargar añadiendo más agua y un cubito de caldo concentrado.

Las sobras de verdura o legumbres pueden emplearse para hacer una sopa.

CALDO DE POLLO

1 cuarto de pollo	1 hueso de jamón
2 zanahorias	2 puerros
100 g de garbanzos	1 cebolla
1 patata	1 chirivía
1 nabo	1 ramita de apio

Si se hace en olla a presión, poner todos los ingredientes a la vez con las verduras cortadas y dos litros de agua. Cerrar la olla y dejar cocer tres cuartos de hora.

En olla normal poner medio litro más de agua, el pollo, el hueso y los garbanzos remojados durante 12 horas. (Se pueden comprar ya remojados.) Cuando empieza a hervir sacar la espuma con una espumadera o una cuchara. Al cabo de una hora poner las verduras cortadas, una pizca de sal y dejar hervir una hora más.

Si se prefiere más ligero, suprimir el hueso y los garbanzos.

Si se prefiere menos graso, poner el pollo sin piel.

Si se quiere más sustancioso, se pone además un hueso de ternera y un trozo de carne para caldo.

Para desengrasar, se deja un día en la nevera y luego se quita la capa sólida que se forma encima. Si se tiene que desengrasar en caliente, hay que hacerlo con una cuchara poco a poco o pasándolo por una tela fina.

CALDO DE PESCADO

1 kg de pescado de roca	1 cebolla
perejil	3 tomates
laurel	

En una cazuela poner un poco de aceite y freír la cebolla picada, sin que llegue a dorarse. Añadir los tomates cortados, sin semillas, media hoja de laurel y un ramito de perejil. (Se puede poner ajo.)

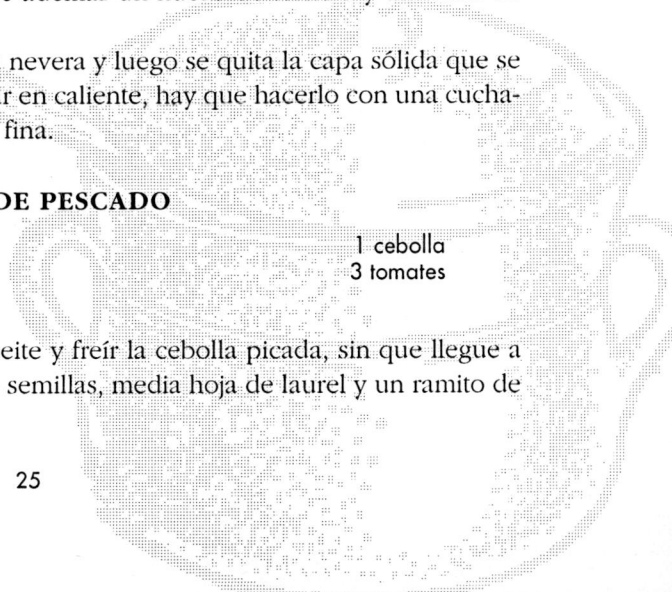

Cuando está hecho el sofrito, se añade el pescado (3 o 4 variedades). También se puede poner cabeza de rape y cangrejos. Se dan unas cuantas vueltas para que se sofrían un poco y se añaden 2 litros de agua hirviendo y un poco de sal. Se deja cocer media hora, destapado, a fuego más bien fuerte y se cuela.

Se utiliza para sopas, arroces de pescado y fideuá.

CALDO PARA COCER PESCADO
(caldo corto)

2 cebollas	2 zanahorias
laurel	tomillo
perejil	8 granos de pimienta
sal	vinagre

Hervir todos los ingredientes menos la pimienta en dos litros de agua durante una media hora. En el último cuarto de hora se echa la pimienta.

Sirve para cocer todo tipo de pescados.

Si es para pescado en rodajas, con la mitad hay bastante.

CALDO VEGETAL

100 g de judías verdes	100 g de nabos
150 g de zanahorias	200 g de patatas
100 g de cebollas	50 g de guisantes
50 g de alubias	2 puerros
1 ramita de apio	50 g de garbanzos
2 hojas de col	

Se ponen todas las verduras limpias en una olla con tres litros de agua y una cucharada de sal. Cuando arranca el hervor, se espuma y se deja tapado, a fuego lento, durante dos horas. Se cuela.

(Las verduras se aprovechan para hacer puré, triturándolas y añadiendo: el caldo que haga falta, 30 g de mantequilla, sal, pimienta y un chorrito de leche o crema de leche.)

Servir acompañado de cuadraditos de pan frito.

CONSOMÉ

1 pechuga de gallina	2 zanahorias
500 g de huesos de ternera	2 puerros
1 ramita de apio	1 nabo
200 g de morcillo de buey	perifollo
1 copita de jerez	200 g de tomates
4 cucharadas de leche	3 huevos
1 cebolla	

Los huesos, la pechuga, una zanahoria, la cebolla, el nabo y los tomates se ponen en una olla al fuego con cuatro litros de agua.

Cuando arranca el hervor se espuma y se deja hervir lentamente durante tres horas. Se deja enfriar, se cuela desengrasándolo bien y sin aprovechar los posos.

Se ponen dos claras de huevo en una cazuela, se baten un segundo y se añade la carne en trozos sin nervios ni grasa, el resto de zanahoria, puerro y apio. Todo en trozos. Se mezcla con una cuchara de madera y se añade el primer caldo frío y el perifollo. Se puede poner también una pechuga de pollo. Se calienta a fuego lento removiendo con una cuchara de madera para que la clara no se pegue al fondo.

Cuando empieza a hervir se deja a fuego lento, destapado, durante un cuarto de hora. Se cuela sin espumar y se añade el jerez. Para conservar caliente se pone al baño María.

Flan. La pechuga se pasa por la máquina para obtener una pasta bien fina. Se le añade un huevo batido, la leche, sal y pimienta y se pone en un molde pequeño untado con mantequilla, al baño María, hasta que esté cocido. Cuando se enfría se parte en trocitos pequeños y se añade al consomé, en el momento de servirlo, en cada taza.

BULLABESA
(8 personas)

800 g de langosta	150 g cebolla
600 g de rape	2 copitas de absenta
100 g de bejel	1 hoja de laurel
100 g de araña de mar	tomillo
12 mejillones	150 ml de aceite
400 g de langostinos	azafrán tostado
200 g de merluza	25 g de harina
100 g de cabracho	2 ramas de perejil
100 g de rata de mar	20 g de ajo
200 g de tomates	corteza de naranja

En una cazuela se pone medio vaso de aceite y la cebolla picada. Sin que llegue a dorarse se añade el ramito de hierbas, los tomates sin semillas y el ajo, reservando un poco de este último.

Cuando todo está sofrito, se añaden las cabezas y colas del pescado para que se sofrían también. Se agregan dos litros de agua hirviendo y se deja cocer destapado y a fuego fuerte durante diez minutos.

Pasado este tiempo se añade media cucharada de sal, la absenta, el ajo reservado picado fino con el azafrán, la harina, la corteza de naranja, la pimienta y una cucharada de aceite. Dejar cocer lentamente cinco minutos. Añadir el pescado de carne dura, que hierva diez minutos más. Se echan los mejillones sin cáscara y el pescado de carne blanda, dejándolo hervir otros cinco minutos. En total el pescado de carne dura debe hervir unos veinte minutos.

Se sacan los trozos de pescado bueno y se ponen en una fuente espolvoreándolos con perejil picado.

El caldo se pasa por un colador y se sirve bien caliente en una sopera. En una bandeja se ponen rodajitas de pan tostado al horno o frito. Si se quiere se puede untar con un poco de ajo.

CREMA DE CALABACÍN

1 kg de calabacines   puerros
crema de leche   mantequilla
2 pastillas de caldo concentrado   3 porciones de queso (quesitos)

Sofreír los puerros en mantequilla. Añadir los calabacines pelados o sin pelar, como se prefiera, cortados en trozos. Salpimentar. Luego añadir un litro de agua y las pastillas de caldo. Cuando están cocidos los calabacines, añadir los quesitos y triturarlo todo. En el momento de servir agregar la crema de leche. Se puede tomar caliente o fría.

CREMA DE CALABACÍN AL ESTRAGÓN

4 calabacines   1 puerro
media cebolla pequeña   mantequilla
estragón   caldo
crema de leche

Picar el puerro y la cebolla y sofreír con un poco de mantequilla. Añadir los calabacines en trozos, sin pelar, y el caldo (tres cuartos de litro más o menos). Hervir hasta que esté cocido el calabacín. Añadir la sal y triturar. Calentar e incorporar crema de leche, o leche simplemente, y un pellizco de estragón desmenuzado.

CREMA DE CALABAZA

500 g de calabaza   1 puerro grande
30 g de queso rallado   200 ml de crema de leche
1/4 de l de leche   2 rebanadas de pan tostado
1 pastilla de caldo   150 g de puré de patata
mantequilla

Dorar el puerro en la mantequilla. Añadir la calabaza a trozos y dorar un poco. Luego, añadir la leche, el pan, un cuarto de litro de agua y la pastilla de caldo. Dejar cocer hasta que la calabaza esté tierna.

Pasar por una trituradora y volver a poner al fuego. Se agrega el puré de patata, el queso, un poco de pimienta y se rectifica de sal y de leche si es necesario. Se añade la mitad de crema de leche, mientras se remueve. La otra mitad se pone cuando la sopa ya está en la sopera, sin mezclar.

Se sirve acompañado de costrones de pan frito.

La calabaza bien vaciada y limpia, puede servir de sopera.

CREMA DE CIGALAS

300 g de cigalas	100 g de nata sin azúcar
150 g de cebollas	250 g de tomates
150 g de harina de arroz	150 g de zanahorias
2 huevos	40 g de mantequilla
1/2 vaso de coñac	1/2 vaso de vino blanco

Poner en la sartén medio vaso de aceite y las cigalas para que se fríen. Una vez hechas se sacan y en el mismo aceite se fríen la cebolla y la zanahoria picadas finas. Cuando empiezan a tomar color, se añaden los tomates, el vino blanco y los caparazones y cabezas de las cigalas que se habrán picado en el mortero. Se deja hervir quince minutos.

En un cazo, se pone el coñac, se calienta, se enciende y se añade a la sartén. Cuando se apaga, se pasa todo a una olla con dos litros de agua caliente y se deja hervir durante una hora.

Se pasa por el chino y se pone otra vez al fuego. Cuando hierve, se echa la harina de arroz diluida en un poco de agua fría y se deja cocer durante diez minutos, removiendo continuamente.

En la sopera se mezclan dos yemas con la mantequilla, se ponen las cigalas y se echa la sopa muy caliente. En el centro se ponen dos cucharadas de nata.

Se pueden poner trocitos de gambas hervidas para que haya más tropezones.

CREMA DE ESPÁRRAGOS

3/4 de l de leche	1 lata de espárragos
30 g de mantequilla	1 sobre de sopa de espárragos

Poner en una olla la leche, un cuarto de litro de agua y el jugo de la lata de espárragos. Disolver en este líquido el sobre de sopa y cocer a fuego lento diez minutos. Añadir la mantequilla y los espárragos en trocitos.

CREMA FINAS HIERBAS

1 l de caldo	1 zanahoria
1 puerro	apio
cebollino	estragón
2 escalonias	1/2 vaso de crema de leche
un puñadito de berros	50 g de mantequilla
3 cucharadas de harina	perejil

Picar las escalonias, la zanahoria, el puerro y el apio y sofreírlo en 50 g de mantequilla. Añadir la mitad de las otras hierbas, picadas, y la harina. Dejar dorar un poco y añadir el caldo lentamente. Dejarlo cocer veinte minutos y pasarlo por el chino.

En el momento de servir añadir medio vaso de crema de leche y el resto de hierbas picaditas. Se puede servir fría o caliente.

CREMA DE LECHUGA

2 lechugas pequeñas	mantequilla
1/4 de l de leche	3 cucharadas de crema de arroz

Saltear las hojas verdes de las lechugas con un poco de mantequilla, sin que se doren. Añadir medio litro de caldo (o agua con una pastilla de concentrado de caldo) con la crema de arroz disuelta, sal y pimienta. Dejar cocer diez minutos y triturar.

Añadir la leche, calentar y servir con lechuga en juliana por encima.

CREMA PARMENTIER

1/2 kg de patatas	1 puerro
30 g de mantequilla	1 cebolla
1/2 taza de leche	2 yemas de huevo
pan frito	perejil

Pelar y cortar en cuartos las patatas, y el puerro en rodajas finas. Hervirlo en un litro de agua con sal durante veinte minutos. Pasarlo por el pasapurés, añadir pimienta y ponerlo de nuevo al fuego, añadiendo poco a poco el agua de cocer.

En el último momento añadir la leche, con las yemas desleídas y calentar mucho, sin que hierva.

Agregar la mantequilla y poner la crema en la sopera con perejil picado por encima.

Acompañar con cuadraditos de pan frito servidos aparte.

CREMA DE REMOLACHA

3 remolachas hervidas	1/2 taza de aceite
salsa Perrins	sal de apio
crema de leche	vinagre

Las remolachas se pasan por una trituradora con una taza y media de agua, dos cucharadas de vinagre, sal de apio, salsa Perrins y sal. El aceite se va añadiendo poco a poco como si fuera mayonesa.

Se sirve fría, de nevera, con un chorrito de crema de leche por encima.

La sal de apio se puede suprimir o bien sustituirla por un trozo de apio que se tritura con las remolachas

COCIDO
(escudella)

100 g de tocino
3 huesos de ternera
100 g de chorizo
1 hueso de jamón
100 g de garbanzos

2 patatas
100 g de alubias
pasta de sopa
arroz

Los garbanzos y alubias se ponen en remojo la víspera.

Los huesos y el tocino se ponen en una olla con dos litros y medio de agua fría con los garbanzos y judías escurridos. Cuando empieza a hervir se espuma y se deja cocer, tapado, una hora.

Se añade el chorizo y las patatas peladas y cortadas en trocitos. También se pueden poner dos hojas de col. Se deja cocer una hora más.

Se sacan los huesos y se echa un puñado de arroz. A los cinco minutos un puñado de pasta de sopa (la más adecuada es la de cabello de ángel). Se hierve unos cinco minutos más.

El chorizo se saca, se corta en rodajas y se vuelve a poner.

GAZPACHO

1 kg de tomates maduros
1 diente de ajo (optativo)
1 pimiento verde

1/2 cebolla
1/2 vaso de aceite
1 rebanada de pan

Se lavan y cortan los tomates, el pimiento y la cebolla. Se trituran y se añade el pan mojado en vinagre, sal y ajo. Se vuelve a triturar y se añade el aceite poco a poco. Se pasa por el chino o pasapurés y se deja varias horas en la nevera.

Se puede diluir con trozos de hielo o agua. Servir en tazas y aparte poner cuadraditos de cebolla y pimiento crudo. También se ponen trocitos de pan frito o al horno.

MINESTRONE MILANESA

2 zanahorias
1 ramita de apio
2 tomates pelados
2 patatas
300 g de guisantes
queso rallado

1 cebolla
1 calabacín
1/2 col
1 nabo
100 g de alubias
50 g de mantequilla

Las verduras cortadas en cuadraditos pequeños se ponen en una olla con agua fría y dos litros y medio de agua. Cuando hierve se echa la mantequilla, cuatro cucharadas de aceite y sal. Se deja hervir dos horas lentamente.

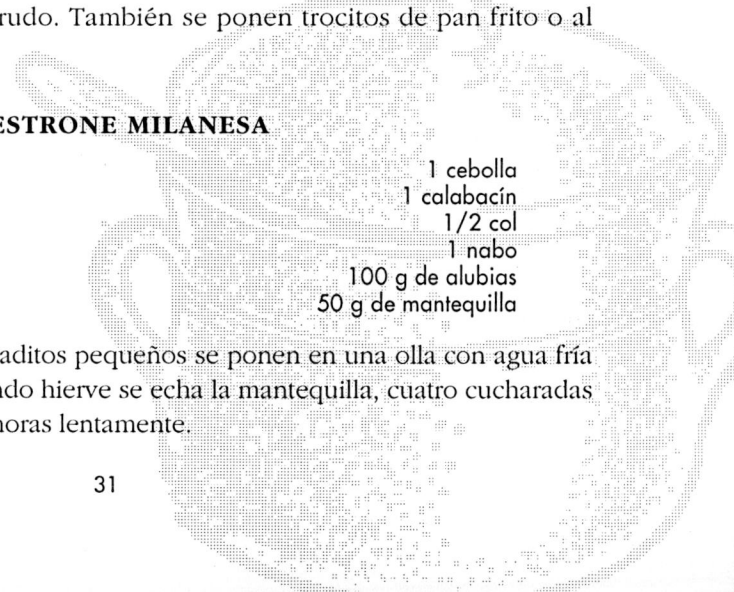

En el último momento se añaden las alubias cocidas y su agua. También se puede añadir pasta de sopa y se hierve hasta que esté cocida. Se sirve espesito en sopera y con el queso rallado aparte.

PURÉ DE ESPÁRRAGOS Y ESPINACAS

1 manojo de espárragos frescos	2 vasos de leche
o una lata	150 g de arroz
500 g de espinacas	50 g de mantequilla

Si los espárragos son frescos se cuecen y se reservan las puntas.

Las espinacas y el arroz se cuecen por separado y se escurren. Se pasan por una trituradora con la leche y un poco de caldo.

Añadir la mantequilla y las puntas de espárragos y servir muy caliente.

PURÉ DE ESPINACAS

600 g de espinacas	1 puerro grande
2 cucharadas de harina	30 g de mantequilla
100 ml de crema de leche	nuez moscada

Cortar el puerro en rodajas finas y sofreírlo en la mantequilla. Añadir la harina, tostar un minuto y añadir las espinacas hervidas de antemano, un litro del agua de hervirlas, sal, pimienta y nuez moscada. Dejar cocer a fuego medio quince minutos y pasar por el pasapurés.

En el último momento, fuera del fuego, añadir la crema de leche.

PURÉ DE GUISANTES

1 kg de guisantes	azúcar
lechuga	2 puerros
50 g de mantequilla	perejil

Poner en una olla la mantequilla, la parte verde de los puerros cortada en rodajas finas, una ramita de perejil y seis hojas verdes de lechuga. Añadir los guisantes, un pellizco de azúcar, sal y medio vaso de agua fría. Hacer hervir a fuego vivo un momento y después ponerlo a fuego moderado, tapado, una media hora. Pasarlo por el pasapurés y añadir sal, pimienta y agua o caldo hasta que tenga consistencia de crema.

Poner por encima trocitos de mantequilla o crema de leche.

En la sopera se pueden poner unos cuantos guisantes que habremos reservado. Servir muy caliente.

PURÉ DE RÉGIMEN

400 g de calabacines
400 g de patatas
100 g de zanahorias
120 g de puerros
120 g de cebollas

2 tomates medianos
2 pastillas de caldo
margarina
1/4 de litro de leche descremada
sal, pimienta

Pelar todas las verduras y cortarlas en trocitos.

Ponerlas a hervir con un litro de agua y las pastillas de caldo. Cuando están cocidas, pasarlas por una trituradora y añadir la leche descremada y dos cucharadas de margarina.

PURÉ DE ZANAHORIA

500 g de zanahorias
1 manojo de puerros
100 ml de crema de leche

1 tomate
1 patata
mantequilla

Sofreír los puerros y las zanahorias con un poco de mantequilla, sin que llegue a dorarse. Salpimentar. Añadir el resto de ingredientes y un litro de agua.

Dejar cocer media hora, pasarlo por el pasapurés y adicionar la crema de leche.

SOPA DE AJO

100 g de pan
4 dientes de ajo

4 huevos
pimentón

En una cazuela de barro se echa medio vaso de aceite y los ajos. Cuando están los ajos un poco dorados y el aceite muy caliente se echa una cucharada de pimentón. Al cabo de un momento, el pan cortado en rabanadas delgadas. Se le da unas vueltas para que se fría un poco y se echan dos litros de agua. Sazonar con sal y pimienta y cocer a fuego lento una hora.

Antes de servir, se ponen los huevos dejándolos cuajar ligeramente. Se sirve en la misma cazuela. Queda mejor en cazuelitas individuales.

SOPA DE ARROZ ITALIANA

2 tacitas de arroz
1 l de caldo
pimentón

50 g de queso rallado
2 cebollas grandes
pimienta blanca

Cortar las cebollas en aros finos y sofreírlas en medio vaso de aceite sin que lleguen a dorarse. Añadir el arroz y una cucharadita de pimentón. Remover y agregar el caldo dejándolo cocer diez minutos. Servir en sopera con el queso rallado por encima.

SOPA DE CEBOLLA GRATINADA

250 g de cebollas
25 g de harina
2 pastillas de caldo

75 g de mantequilla
6 cucharadas de queso rallado
20 rebanadas de pan finísimas

Cortar las cebollas en láminas muy finas y ponerlas con la mantequilla a fuego muy suave que se vayan haciendo lentamente y tapadas. Cuando están un poco doradas, todas por un igual, se añade la harina y se dora removiendo con una cuchara de madera.

Se añade el caldo, preparado con litro y medio de agua, siempre removiendo hasta que empiece a hervir, y se deja cocer a fuego lento durante 8 o 10 minutos.

El pan se tuesta y se pone encima de la sopa, que se habrá pasado de antemano a una sopera que pueda ir al horno.

Por encima del pan se espolvorea el queso rallado mezclado con sal y pimienta y bolitas de mantequilla. Se mete al horno a gratinar. Tiene que servirse muy caliente.

Si se hace con caldo natural poner la sal en el último momento.

SOPA DE CREMA

2 cucharadas de harina
30 g de mantequilla
30 g de queso rallado

3 vasos de leche
1 yema de huevo

En una olla se pone a derretir la mantequilla, luego se añade la harina y después de un minuto, la leche y un vaso de agua poco a poco para que no se formen grumos. Dejar hervir 10 minutos y añadir el queso, algo de sal y pimienta. Fuera del fuego agregar una yema de huevo.

SOPA DE ESPINACAS Y ARROZ

2 tacitas de arroz
40 g de mantequilla
1 l y 1/2 de caldo

400 g de espinacas
70 g de queso rallado

Hervir las espinacas. Picarlas pequeñas y rehogarlas en la mantequilla. Añadir el arroz y el caldo, que puede ser de pastilla, y dejar hervir doce minutos. Servir en sopera con el queso rallado por encima.

SOPA DE TOMILLO
(1 plato)

2 dientes de ajo
1 huevo

tomillo
pan

En un poco de aceite de oliva se sofríen los dientes de ajo cortados en trozos. Se ponen en una cazuela con agua (para un plato, un poco más de un cuarto de litro) y con un puñado de tomillo.

Dejar hervir un cuarto de hora, sacar el tomillo y poner una rebanada de pan tostado. Dejar que hierva cinco minutos más, removiendo para que el tomillo que haya quedado se mezcle con el pan. Se añade la sal y un huevo. Cuando se cuece la clara del huevo, se sirve enseguida.

SOPA DE MEJILLONES Y ARROZ

750 g de mejillones	50 g de arroz
2 tomates	1/2 cebolla
1 puerro	azafrán
laurel	perejil

Lavar bien los mejillones, ponerlos en una cacerola al fuego, sin agua y tapados para que se abran. Sacar las conchas y pasar por un colador fino el caldo que han soltado.

Cortar la cebolla y el puerro en rodajas finas y dorarlos en dos cucharadas de aceite. Añadir los tomates rallados y freírlos lentamente diez minutos. Añadir un litro y medio de agua caliente, sazonar con pimienta, sal, perejil picado y una hoja de laurel.

Tostar unas hebras de azafrán y añadirlas al caldo junto con el arroz. Dejar cocer diez minutos y añadir los mejillones y su caldo para que hierva tres minutos más. Sacar el laurel y servir en sopera.

SOPA DE NAVIDAD
(6 personas)

6 puerros	200 g de tocino
2 cebollas	300 g de oreja de cerdo
4 zanahorias	1 hueso de tuétano
2 nabos	2 huesos de caña
200 g de garbanzos	media gallina
500 g de patatas	250 g de macarrones
200 g de carne de cerdo	un poco de apio
150 g de jamón serrano	2 ramitos de perejil
400 g de morcilla	queso de Parma rallado
500 g de carne picada para la pelota	

Las carnes, menos la morcilla y la pelota, se ponen en cuatro litros de agua fría. Cuando hierve, se espuma y se deja cocer tapado una hora.

Se echan los garbanzos remojados desde la víspera, se vuelve a espumar y se deja hervir otra hora.

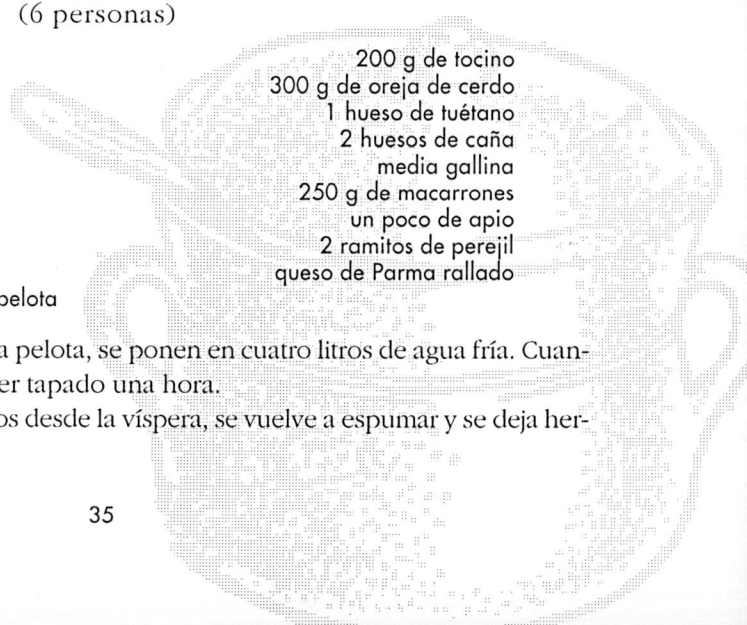

Se hace la pelota mezclando la carne picada con un huevo batido, sal, pimienta y perejil picado. Se le da forma redonda y alargada.

Se echa la pelota, las zanahorias, puerros, cebollas, perejil y patatas, todo pelado y cortado y se deja hervir otra hora. Siempre debe cocer tapado y a fuego medio. Cuando faltan diez minutos, poner la morcilla.

Colar muy bien el caldo y dejarlo enfriar. Se desengrasa metiéndolo en la nevera o pasándolo a través de un lienzo muy fino.

Cuando se va a utilizar el caldo, se pone a hervir y se echan los macarrones y la sal. Se sirve en sopera con el queso rallado aparte. En una bandeja se pone el resto de ingredientes hervidos que se vayan a tomar, procurando que quede bien colocado.

SOPA DE PAN
(un plato)

50 g de pan
2 dientes de ajo
sal

1 cebolla
1 cucharada de aceite

Poner todos los ingredientes en medio litro de agua fría y dejar hervir lentamente tres cuartos de hora.

SOPA DE PAYÉS

1 col pequeña
150 g de butifarra negra
4 cucharadas de arroz
1 l y 1/2 de caldo

1 patata
3 zanahorias
4 cucharadas de fideos

Se cortan las zanahorias, la patata y la col en trocitos y se ponen a hervir en el caldo. Cuando están casi cocidas se añade el arroz y la butifarra y a los cinco minutos los fideos y la sal.

SOPA DE PUERROS

6 puerros
4 patatas grandes

2 zanahorias
1/2 cebolla

Cortar las zanahorias en rodajas finas y cada rodaja en cuatro partes. Pelar las patatas y cortarlas en cuadraditos pequeños. Picar muy fina la cebolla. Cortar la parte blanca de los puerros en rodajas finas. Todas estas verduras se echan en dos litros de agua hirviendo. Se añaden tres cucharadas de aceite de oliva, la sal y pimienta y se deja hervir durante dos horas.

SOPA DE PESCADO VASCA

1 kg de rape con cabeza	8 almendras tostadas
1 cebolla	200 g de tomates
1 zanahoria	1 puerro
4 cigalas	ajo
perejil	jerez seco

Hacer un sofrito con la cebolla, zanahoria, puerro, tomate y ramitas de perejil. Cuando está bien dorado, añadir la cabeza de rape cortada en trozos, la espina y los despojos. Se rehoga un poco y se añaden tres litros de agua con un poco de sal, dejándolo hervir durante veinticinco minutos. Retirar el pescado, añadir las almendras machacadas y una cucharada de jerez y cocer a fuego vivo veinte minutos más.

Se cuela el caldo y se pone en una cazuela con el resto de rape crudo cortado en trocitos, muy limpio de pieles, las cigalas y cuatro cucharadas de arroz. Se deja hervir diez minutos más.

SOPA DE RAPE

1 rape de 1/2 kg	1 cebolla
3 tomates	2 patatas
2 dientes de ajo	pan
perejil	sal

Picar la cebolla y sofreír lentamente hasta que esté dorada. Añadir el tomate rallado y los ajos picados y freír diez minutos. Añadir las patatas peladas y cortadas en trozos y el perejil. Se les da una vuelta y se echa un litro y medio de agua caliente, la cabeza del rape y los despojos cortados en trozos.

Cuando haya hervido una hora añadir dos rebanadas de pan y dejar hervir diez minutos más. Retirar la cabeza y desperdicios del rape y pasar la sopa por el pasapurés. Se vuelve a poner al fuego, añadiendo los trozos de rape cortados y limpios de piel.

Cuando está cocido el pescado se sirve en sopera.

SOPA DE SALCHICHAS DE FRANKFURT

150 g de salchichas	nuez moscada
3 cucharadas de harina	1 l de leche
50 g de mantequilla	1 tomate

Hervir la leche y disolver la harina en un poco de esta leche. Volver a poner al fuego, añadir el tomate y dejar hervir veinte minutos. Pasarlo por el chino y añadir las salchichas peladas y cortadas en cuadritos. Sazonar con sal, pimienta y nuez moscada y dejar cocer diez minutos. En el momento de servir añadir la mantequilla.

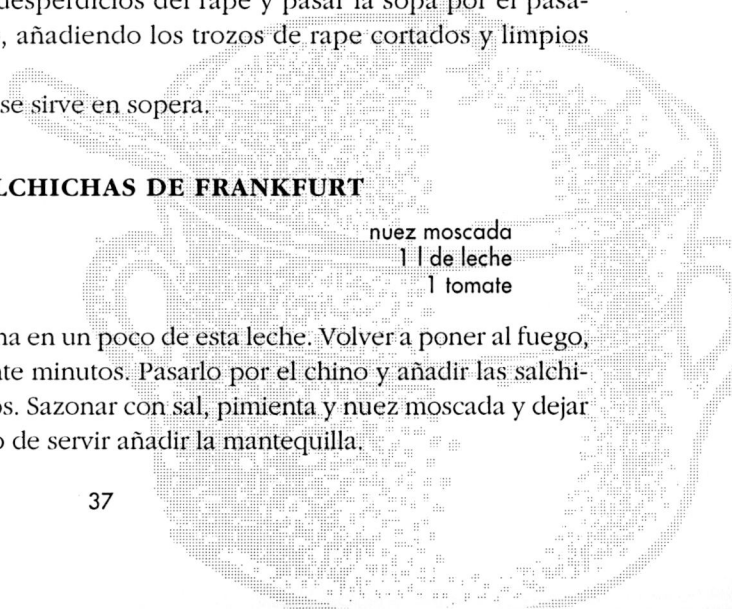

VICHYSSOISE

3 puerros
4 patatas medianas
150 ml de crema de leche
2 cucharadas de mantequilla

1 cebolla mediana
1 l de caldo
pimienta
sal

Los puerros y la cebolla se cortan muy finos y se rehogan en la mantequilla, tapado para que no se dore, a fuego muy suave. Añadir las patatas también cortadas en rodajas muy finas. Se les da unas vueltas y se añade el caldo (puede ser de pastilla). Dejar hervir hasta que las patatas estén cocidas.

Cuando está frío se bate y luego se pasa por el chino. Se deja en la nevera cinco o seis horas.

En el momento de servir se añade la crema de leche, sal, pimienta y agua si hace falta. Se sirve en tazas con un poco de puerro verde picado en el centro.

ENSALADAS

Todas las ensaladas deben aliñarse en el último momento.

Las endibias, aguacates, champiñones y alcachofas se tienen que rociar con limón para que no ennegrezcan. Si se preparan con tiempo hay que taparlas con film transparente para que no les toque el aire.

Todo lo que lleva mayonesa también hay que taparlo con film transparente hasta el último momento.

Las judías verdes para ensalada, hervirlas con mucha agua y después sumergirlas un momento en agua fría para que conserven el color. Dejarlas un poco crudas.

Cualesquiera sobras de la nevera, bien arregladas, pueden servir para hacer ensaladas.

ENSALADA DE AGUACATE

2 aguacates
4 tomates
1 limón

2 endibias
4 palmitos
mostaza

Cortar los aguacates en láminas finas rociándolos con limón. Pelar los tomates y cortarlos en gajos. Deshojar las endibias y cortar los palmitos en trozos. Colocarlo todo en una fuente formando un mosaico de colores.

Hacer una vinagreta, incluyendo medio limón exprimido y rociar con ella la ensalada en el último momento.

«MOUSSE» DE AGUACATES

3 aguacates maduros
4 hojas de gelatina
3 cucharadas de mayonesa espesa

cebolla
1 limón
1 tazón de nata

Poner la gelatina en remojo con agua fría.

Pelar los aguacates, quitarles el hueso, partirlos en trozos y rociarlos con zumo de limón.

Deshacer la gelatina con unas cucharadas de agua caliente y dejarla enfriar.

Picar un poco de cebolla muy menuda (una cucharadita) y triturar con los aguacates y la gelatina hasta formar una crema. Añadir sal, pimienta y la mayonesa. Unir muy bien y agregar la nata con mucho cuidado.

Verter en un molde de corona y meter en la nevera para que se cuaje.

Ya frío, se desmolda y se rellena el hueco central con pescado hervido a trocitos (lubina, merluza, rape, etc.). El pescado se espolvorea con piel de limón rallada y perejil picado.

Alrededor se pueden poner langostinos y acompañarlo con salsa marisquera.

AGUACATES RELLENOS

4 aguacates	1 limón
salsa mayonesa	ketchup
200 g de gambas peladas	zanahoria
lechuga	

Partir los aguacates por la mitad a lo largo. Sacar el hueso y vaciar. Rociar con zumo de limón y espolvorear con sal y pimienta. Lo que se ha vaciado se corta un poco, sin que se deshaga demasiado, se mezcla con mayonesa espesa, las colas de gambas hervidas y ketchup. Sazonar con sal y pimienta y rellenar los aguacates. Se adorna con lechuga y zanahoria rallada.

En vez de gambas se puede poner atún en lata o cangrejo.

«CARPACCIO» DE ALCACHOFAS O CHAMPIÑONES

4 alcachofas	limón
queso de Parma	

Las alcachofas deben ser muy tiernas. Se limpian de todas las hojas duras y se cortan en láminas finísimas.

Rociar con el zumo de medio limón y aceite de oliva abundante y poner en una fuente. Sazonar con sal y pimienta negra y cubrir con virutas de queso de Parma.

Se puede hacer lo mismo con champiñones en vez de alcachofas.

ENSALADA DE BERROS

1 lechuga francesa	30 g de piñones
1 puñado de berros	salsa vinagreta
10 tomates cereza	mostaza

Se lava todo bien. La lechuga se corta pequeña y los tomates por la mitad. Los berros (sólo las hojas) y los piñones se añaden al resto de ingredientes.

En el último momento se aliña con salsa vinagreta a la que se adiciona una cucharada de mostaza.

ENSALADA DE COL LOMBARDA

1 col lombarda	2 manzanas
crema de leche	mostaza
azúcar	vinagre
pimienta	aceite, sal

Cocer la col dos minutos echándola cuando el agua hierve. Escurrirla mucho y cortarla pequeñita. Añadirle la manzana (la mejor es la delicia) cortada en gajos finos con piel y aliñarlo mezclando el resto de ingredientes según criterio propio.

ENSALADA DE ENDIBIAS

4 endibias
100 g de de requesón
30 g de piñones

50 g de pasas de Corinto
2 huevos duros
1 naranja

Cortar las endibias en trozos de dos dedos y picar los huevos duros en trozos grandes.

Hacer una salsa vinagreta con una parte de vinagre, tres partes de aceite, sal, pimienta y una pizca de azúcar.

Las endibias y huevos se mezclan con las pasas y piñones, se adereza con la vinagreta y se añade el zumo de una naranja.

Se corta el requesón en dados y se añade a la ensalada.

Las endibias se deben cortar lo más tarde posible porque se ponen negras. Se mezcla todo en el último momento.

ENSALADA DE ENDIBIAS Y BERROS

4 endibias
5 manojitos de berros
1 manojo de rábanos
aceite, sal

50 g de nueces
pimienta
mostaza
vinagre

Los rábanos se lavan y se cortan en rodajitas sin pelar.

Las endibias se cortan en trozos pequeños, se mezclan con las hojas de berros y los rábanos y se aliña con lo demás.

Las nueces también se cortan un poco. Se puede mezclar jamón dulce y queso cortados en tiras.

ENSALADA DE ENDIBIAS Y PIÑA

4 endibias
30 g de piñones
zumo de piña

100 g de pasas
piña de lata
salsa vinagreta, sal

Cortar la piña y las endibias en trozos. Añadir el resto en el último momento.

ENSALADA DE ENDIBIAS Y POLLO

4 endibias
1 pechuga de pollo asada
100 g de jamón en dulce
vinagre, sal

2 manzanas
mostaza
pimienta
aceite

Cortar las endibias y manzanas en trocitos. El pollo y el jamón en tiritas finas y cortas.

Ponerlo todo en una ensaladera y aliñar con el resto de los ingredientes que se habrán mezclado de antemano.

Para cortar las manzanas y endibias humedecer el cuchillo con limón; evita que se pongan negras. Es mejor aliñar en el último momento.

ENSALADA DE ENDIBIAS Y QUESO

4 endibias	30 g de nueces
pimienta negra	limón
crema de leche	sal
150 g de queso Gorgonzola	aceite

Lavar y cortar las endibias en trozos pequeños. Cortar el queso y las nueces en pedacitos.

Con el resto se hace un aliño con muy poco aceite y el zumo de medio limón. La crema de leche al gusto y la pimienta molida en el momento.

Se mezcla todo muy bien al llevarlo a la mesa.

ENSALADA FINISTERRE

4 endibias	1 manzana
1/2 piña natural	50 g de nueces
1 lata pequeña de palmitos	ketchup
salsa mayonesa	mostaza
2 zanahorias	

Las zanahorias se cortan en bastoncitos, la manzana en gajos finos, los palmitos en rodajas más bien finas y la piña y las endibias en trocitos.

La mayonesa, espesa, se mezcla con mostaza, ketchup, sal y pimienta.

Antes de servir, se mezcla todo y se añaden las nueces a trozos más bien grandes.

ENSALADA DE GARBANZOS

1/2 kg de garbanzos cocidos	salsa mayonesa
2 cebollitas tiernas	

Se pica la cebolla muy fina y se mezcla con los garbanzos y salsa mayonesa clarita. Dejar un par de horas en la nevera dándole vueltas de vez en cuando.

ENSALADA DE ALUBIAS BLANCAS

1/2 kg de alubias hervidas	1 cebollita
1 pimiento verde	2 tomates pelados

Picar las hortalizas y mezclarlas con las alubias. Los tomates es mejor que sean maduros pero de carne dura. Hacer una salsa vinagreta y añadir a las alubias con tiempo para que vaya tomando el sabor. Se tiene que ir removiendo con una cuchara de madera o plástico.

(Queda muy bien añadiendo unas cuantas judías verdes hervidas y cortadas en trozos pequeños.)

ENSALADA DE JUDÍAS VERDES Y CHAMPIÑONES

1/2 kg de judías
300 g de champiñones
salsa vinagreta

2 tomates
2 trufas
1 limón

Hervir las judías (muy finas o cortadas finas) en abundante agua con sal. Se escurren y se pasan por agua fría.

Los tomates, fuertes, se pelan y se cortan en gajos.

Los champiñones, después de bien lavados, se pelan y se cortan en láminas finas. Rociar con limón y mezclar con las judías y los tomates. Se aliña con salsa vinagreta y trufa picada.

ENSALADA DE JUDÍAS VERDES Y PATÉ

1/2 kg de judías
250 g de champiñones

1 lata de paté
limón

Las judías deben ser finísimas, o partirlas a lo largo muy finas. Se hierven en mucha agua con sal. Hay que ponerlas cuando el agua está hirviendo a borbotones, cocerlas destapadas y sacarlas un punto crudas. Escurrirlas y pasarlas por agua fría para que conserven el bonito color verde.

Los champiñones se pelan, se rocían con gotas de limón y se cortan en lonjas finas.

Hacer una vinagreta con tres partes de aceite de oliva por una de vinagre; pimienta y sal.

Cuando las judías están frías se mezclan con los champiñones y se sazonan con la salsa vinagreta.

Poner un montoncito en medio de cada plato y a los lados láminas de paté, sin que toquen las judías, para que no se humedezca.

Se sirve acompañado de tostaditas o biscotes pequeños.

ENSALADA DE JUDÍAS VERDES Y PASTA

250 g de pasta (espirales)
2 tomates maduros fuertes
orégano

1 lata de anchoas
300 g de judías verdes

Hervir las judías cortadas en trocitos pequeños. Hervir la pasta, con mucha agua, dejándola *al dente*. Se escurre y lava con agua fría.

Los tomates se pelan y se cortan en trocitos pequeños, así como las anchoas.

Con tres partes de aceite por una de vinagre, sal, pimienta y orégano se hace una vinagreta y se mezcla con el resto de ingredientes.

Adornar con rodajas de huevo duro.

ENSALADA DE JUDÍAS VERDES Y TALLARINES

1/2 kg de judías verdes finas	10 cebollitas en vinagre
50 g de jamón	2 huevos duros
250 g de tallarines	cebollino
30 g de aceitunas verdes	remolacha

Se cortan las judías en trocitos pequeños y se hierven con mucha agua y sal.

Los tallarines se cortan en trozos de unos 5 cm y se hierven.

El jamón y las aceitunas se cortan en trozos muy pequeños.

Todo esto, junto con las cebollitas, se revuelve bien y se aliña con una vinagreta que se habrá preparado con una parte de vinagre por tres de aceite, sal y pimienta y una cucharada de cebollino picado.

Por encima poner los huevos duros picados y alrededor rodajas de remolacha.

ENSALADA DE LANGOSTINOS

Hervir langostinos y cortarlos a lo largo en láminas finas. Aliñarlos con salsa vinagreta y poner lechuga picada alrededor. Adornar con zanahoria o tomates cereza o rábanos.

ENSALADA DE LECHUGA Y CEBOLLA

1 lechuga	100 g de aceitunas
2 tomates verdes	1/2 cebolla

La lechuga se lava y se corta pequeña. La cebolla se corta en rodajas muy finas. El tomate, pelado, se corta en pedacitos. Las aceitunas, deshuesadas, se cortan en trocitos.

Se mezcla todo y en el último momento se aliña con una vinagreta que habremos hecho con el resto de los ingredientes batidos de antemano (tres partes de aceite por una de vinagre), sal y pimienta.

ENSALADA DE LECHUGA Y NARANJA

1 lechuga larga	1 zanahoria
1 apio	1 tomate
50 g de nueces	mostaza
1 naranja	pimienta
jugo de carne	vinagre
aceite	sal

Cortar la lechuga pequeña y mezclar con las nueces picadas y el apio cortado fino. Encima, se ponen gajos de naranja (sin piel) en un lado, y en el otro zanahoria rallada. En medio rodajas de tomate.

Se aliña en el último momento antes de adornar.

ENSALADA «NIÇOISE»

4 patatas	2 huevos duros
1 lechuga	250 g de judías verdes
1 lata de atún	4 tomates

Hervir las patatas con la piel, luego pelarlas y cortarlas en rodajas un poco gruesas. Cocer las judías dejándolas un punto crudas. Los tomates y los huevos se cortan en cuatro trozos.

En cuatro platos individuales o en una fuente, se coloca la lechuga picada pequeña y alrededor todo lo demás por separado.

Hacer una salsa vinagreta y echar por encima en el último momento.

ENSALADA DE PATATAS Y ACEITUNAS

1 kg de patatas	salsa mayonesa
200 g de aceitunas deshuesadas	2 huevos duros

Las patatas se mondan, se cortan en cuadraditos y se hierven en agua con sal.

Cuando están frías, se mezclan con las aceitunas cortadas en trozos pequeños y con salsa mayonesa abundante.

Se colocan en una fuente formando media bola y con rodajas de huevo duro alrededor. También se puede poner jamón dulce picado por encima y adornar con lechuga y tomate verde.

ENSALADA DE PATATAS ALEMANA

1 kg de patatas	1/2 vaso de aceite
1 cucharada de perejil picado	cebollino picado
2 cucharadas de vinagre	pimienta, sal
1 cucharadita de mostaza	1/2 vaso de caldo

Las patatas se hierven con piel, tapadas y a fuego lento. Se pelan en caliente y se cortan en rodajas de medio centímetro de espesor.

Con los demás ingredientes preparar una salsa que se echa por encima de las patatas cuando todavía están calientes.

Mezclar con mucho cuidado de vez en cuando. En el último momento se traslada a otra fuente.

Se puede tomar fría o tibia.

Si no se tiene cebollino fresco, se puede poner cebolla picada muy fina.

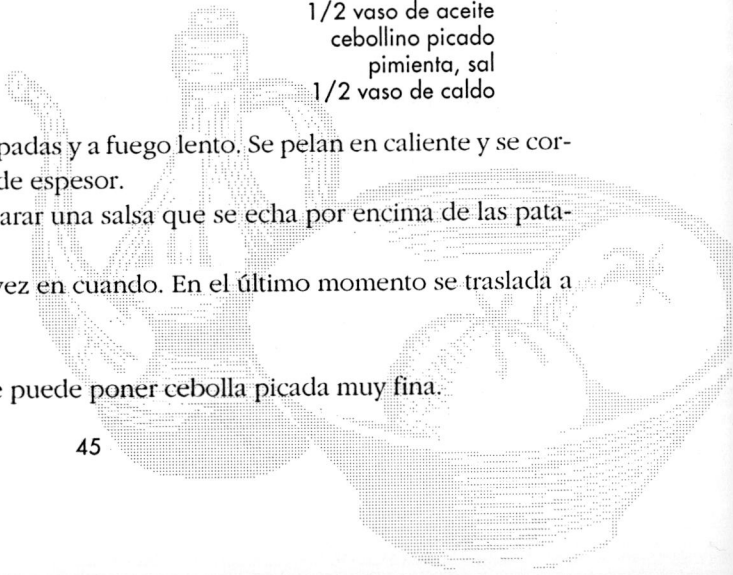

ENSALADA DE PATATAS, CEBOLLA Y TOMATE

1 kg de patatas
1/2 kg de tomates maduros

2 cebollas

Hervir las patatas con piel, y luego pelarlas y cortarlas en rodajas.

Las cebollas se cortan en rodajas muy finas. Los tomates se rallan y se mezclan con abundante aceite de oliva y sal.

En una fuente se ponen las patatas, encima el tomate y encima los aros de cebolla. Se deja en la nevera por lo menos dos horas.

ENSALADA DE PATATAS Y JAMÓN

1 kg de patatas
150 g de jamón serrano
aceite de oliva

3 tomates
vinagre
sal

Las patatas se hierven con piel, se pelan y se cortan como para ensaladilla. Los tomates se pelan y se cortan en trozos pequeños. El jamón también debe estar cortado en dados pequeños.

Cuando están frías las patatas, se mezcla todo y se aliña. Adornar con ensalada alrededor.

ENSALADA DE POLLO - 1

4 pechugas de pollo
salsa mayonesa
ensalada mixta

limón
mostaza

Hervir las pechugas, cortarlas en dados y ponerlas un rato en maceración con un poco de aceite, limón, sal y pimienta.

La ensalada mixta, que puede ser: lechuga, escarola y endibias, se limpia, seca y pica, condimentándola con aceite, vinagre, sal, pimienta y mostaza.

Se coloca en una fuente de cristal, con los dados de pollo por encima y se cubre con salsa mayonesa.

Dejarlo enfriar unas horas en la nevera.

ENSALADA DE POLLO - 2

1 pollo asado
2 lechugas francesas
salsa mayonesa
50 g de nueces picadas

1 apio
2 naranjas
1 limón

El pollo se corta en trozos muy pequeños y se mezcla con el apio picado, las nueces y la lechuga también picada.

La mayonesa se mezcla con el zumo de las naranjas y del limón y se vierte encima del pollo. Sazonar con sal y pimienta.

Servir cada ración encima de una hoja de lechuga entera.

ENSALADA DE POLLO - 3

4 pechugas de pollo
nueces
1 lechuga francesa
lechuga picada
salsa Maggi

1 rama de apio
salsa mayonesa
3 cucharadas de maíz
1/2 manzana

Hervir las pechugas y cortarlas en pedacitos. Pelar bien el apio y la manzana y cortarlos pequeños.

Mezclarlo todo con un puñado de nueces cortadas, el maíz y la lechuga picada.

Aliñarlo con mayonesa, maggi, sal y pimienta.

Servirlo encima de hojas de lechuga francesa.

ENSALADA POMPIDOU

1 lechuga francesa
1/2 lata de maíz en grano
aceite
vinagre
pimienta

2 patatas
2 remolachas
sal
perejil
mostaza

Se coloca un lecho de lechuga picada, encima el maíz, otra vez lechuga y se cubre con patata y remolacha hervidas y cortadas en rodajas.

La patata es mejor hervirla con piel. La remolacha se puede comprar hervida o de lata.

Con los demás ingredientes se hace una salsa vinagreta y en el último momento se vierte por encima.

ENSALADA PUENTE ROMANO

Piña natural
gambas pequeñas

melón
mayonesa clara

Todo cortado muy pequeño y mezclado con la mayonesa.

Otra versión: Piña natural, gambas, lechuga, palmito, maíz, melón y mayonesa clara.

ENSALADA RUSA

1/2 kg de patatas
200 g de judías verdes
200 g de zanahorias
3 huevos

pimiento en lata
300 g de guisantes
salsa mayonesa
atún en lata

Las patatas y zanahorias se cortan en cuadraditos pequeños y se hierven por separado con mucha agua. Los guisantes se hierven con las judías cortadas en trozos pequeños.

Cuando está todo frío, se revuelve bien y se mezcla con mayonesa y la lata de atún, desmenuzado.

Se pone en una fuente y se adorna con rodajas de huevo duro y tiras de pimiento.

ENSALADA RUSA CONCHA

300 g de patatas
200 g de judías verdes
200 g de alubias cocidas
1 lata de espárragos
200 g de jamón en dulce

250 g de guisantes
200 g de zanahorias
2 alcachofas
2 huevos duros
salsa de mostaza

Las patatas, zanahorias y judías verdes se cortan en cuadraditos pequeños y se hierven por separado. También se hierven los guisantes y las alcachofas, una vez quitadas las hojas duras y cortadas en cuatro trozos.

En una fuente redonda, se colocan en el centro los guisantes, y todo lo demás alrededor en montoncitos por separado. Se adorna con rodajas de huevo duro, espárragos y el jamón en rollitos pequeños.

En salsera aparte se sirve la salsa de mostaza: mayonesa espesa hecha con una cucharada grande de mostaza.

ENSALADA RUSA DE PESCADO O POLLO

500 g de patatas
3 tomates verdes
1/2 kg de rape (o gambas o pollo)
salsa Perrins

1 lechuga
3 huevos duros
salsa mayonesa

Las patatas se hierven con piel y una vez frías se cortan en cuadraditos pequeños. Los tomates, mejor pelados, también se cortan en pequeños trozos.

El rape o las gambas se hierven y cortan en trocitos. Si es pollo, mejor en pequeñas tiras, hervido o asado.

Hacer un aliño abundante con aceite, vinagre, sal y dos cucharadas de salsa Perrins. Se pone en una ensaladera con lo que habíamos preparado y se le va dando vueltas para que empape bien.

Dejar enfriar unas dos horas en la nevera; y cubrir con una capa fina de mayonesa y adornar con rodajas de huevo duro.

ENSALADA DE QUESO BLANCO

100 g de queso blanco
lechuga
200 g de judías verdes

maíz
2 tomates
1 lata de atún

Si no son finas las judías, se tienen que cortar a lo largo para que queden como finas. Se cortan luego en trozos de unos dos centímetros y se hierven en abundante agua salada.

Se escurren y cuando están frías se mezclan con tres cucharadas de maíz en grano, los tomates pelados y cortados en pequeños trozos, el atún desmenuzado, el queso en dados y la lechuga en juliana. El queso puede ser Burgos, requesón, mozzarela, etc.

En el último momento se aliña con una vinagreta.

Se puede suprimir el atún.

ENSALADA DE QUESO CALIENTE

1 lechuga larga
queso de cabra redondo

salsa vinagreta
2 tomates

Lavar y cortar en juliana la lechuga. Los tomates, rojos y fuertes, se escaldan, se pelan, y se cortan en trozos muy pequeños.

Se prepara en platos individuales: poner un montoncito de lechuga en el centro y alrededor los trocitos de tomate.

En el último momento se echa por encima salsa vinagreta.

El queso se corta en cuatro rodajas de un dedo de espesor y se mete medio minuto en el microondas o un poco más en el horno. Se coloca encima de la ensalada.

Tiene que comerse enseguida.

TOMATES RELLENOS

4 tomates
1 lata de atún

lechuga
salsa mayonesa

Los tomates deben ser fuertes y grandes. Se lavan, se les corta la parte de arriba y se vacían con una cucharilla. Se ponen boca abajo un rato para que escurran el agua y se sazonan con sal y pimienta.

Lo que se ha vaciado se pica y se pone a escurrir en un colador.

La lechuga se corta en juliana y se mezcla con el atún bien cortado y el tomate picado.

En el último momento se añade la mayonesa, espesa, y se rellenan los tomates.

Se ponen en una fuente en la nevera. No deben prepararse con mucha antelación pues sueltan bastante agua.

ENSALADA TRICOLOR

2 aguacates	4 tomates
2 bolas de mozzarela	salsa vinagreta

Cortar los aguacates por la mitad. Sacar el hueso y pelar. Se cortan en lonjas delgadas.

Los tomates, rojos pero fuertes, se pelan y se cortan en gajos o rodajas.

La mozzarela se corta en lonjas finas.

Colocar todo en una fuente, sin mezclarlo y rociar con salsa vinagreta. Se cubre con film transparente hasta el momento de tomarlo.

Enfriarlo en la nevera.

VERDURAS

Si no se dice lo contrario, siempre se ponen en el agua cuando ésta ya hierve. Se hierven con mucha agua y destapadas. Es mejor dejarlas un punto crudas: al dente.

Si no se van a comer enseguida, hay que escurrirlas; que no esperen dentro del agua. Luego, si se van a tomar sólo con aceite crudo, se calientan volviéndolas a meter en agua hirviendo.

Con restos de verduras se pueden hacer sopas, pudines o tartas.

Para hervirlas en casa, se deben poner en remojo, en agua fría, 12 horas antes. Se les cambia el agua y se ponen a cocer lentamente hasta que estén tiernas.

LEGUMBRES

La sal es mejor ponérsela al final de la cocción.

Se pueden hervir con una cebolla a trozos, laurel y un chorro de aceite. O simplemente solas.

No tirar el agua en que se han hervido hasta que se haya acabado de hacer el guiso, por si se necesita añadir líquido.

Si se compran las legumbres cocidas, se añade caldo al guiso.

Las lentejas no es necesario ponerlas en remojo.

Los garbanzos es mejor ponerlos a hervir con el agua templada.

Con restos de legumbres se puede hacer sopa añadiendo sofrito, caldo y cuadraditos de pan frito.

AJO

Tiene un sabor característico y fuerte. En todas las recetas se puede suprimir o poner muy poco. Por el contrario, si gusta, se puede añadir en todos los guisos que llevan cebolla y tomate.

ACELGAS

Para hervirlas, se cortan bastante las pencas. El resto se corta en trozos de unos tres centímetros, se lava en varias aguas y se echa en mucha agua hirviendo con sal. Deben cocer destapadas a fuego moderado. Si son frescas, con diez minutos es suficiente. También se pueden hervir con poca agua y tapadas a fuego muy lento; aunque quedan más bonitas con mucha agua.

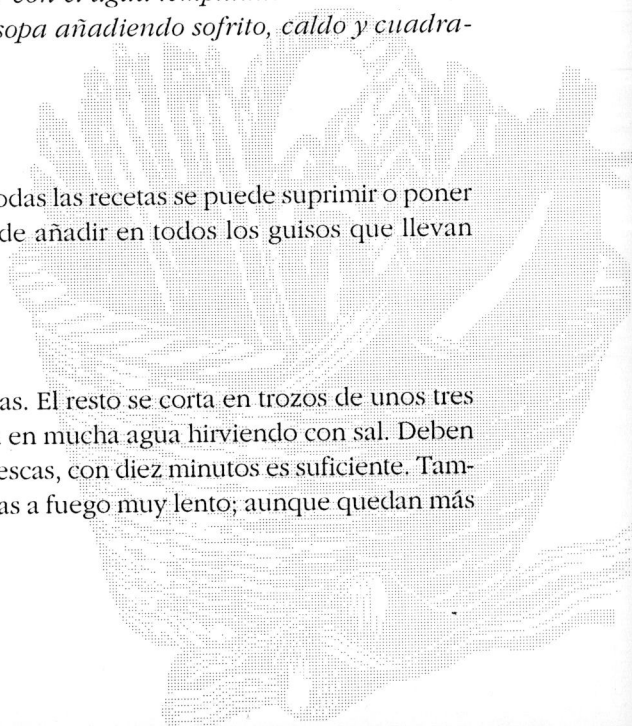

ACELGAS CON BECHAMEL

Se limpian las acelgas y se cuecen por separado las pencas blancas y las hojas.

Se escurren bien y se colocan en una fuente: en el centro las pencas cortadas a trozos de 5 centímetros y alrededor las hojas verdes.

Cubrirlo todo con una salsa bechamel clara. Espolvorearlo con queso rallado y mantequilla y meterlo en el horno a gratinar.

ACELGAS CON PASAS Y PIÑONES

1 kg de acelgas
30 g de piñones

100 g de pasas

Lavar y hervir las acelgas cortadas en trozos.

Se escurren bien y se ponen en una sartén con un poco de aceite.

Añadir las pasas y piñones y sofreírlo todo junto un rato.

ACELGAS VIÑUALES

1 kg de acelgas
1 diente de ajo
2 patatas

1 zanahoria
1 cebolla

Cortar las acelgas y patatas en trozos, la zanahoria en rodajas y la cebolla en láminas. Después de lavarlo bien se pone todo en una cazuela con el ajo, sal, pimienta y un chorrito de aceite de oliva. Se añade un vaso de agua y se deja cocer lentamente y tapado hasta que todo está tierno.

Se pueden poner las verduras que se quiera. También es optativo poner en vez de sal, una pastilla de caldo.

ALCACHOFAS

Para limpiarlas se rompe el tallo por la base (mejor que cortar) y se arrancan las hojas duras tirando hacia abajo. Se frotan con limón y se ponen en agua fría hasta el momento de utilizarlas. Si dentro tienen pelusa hay que quitarla. Hervirlas con un trozo de limón para que no se pongan negras.

ALCACHOFAS CONCHA

6 alcachofas
1 vasito de vino blanco
50 g de mantequilla

2 huevos duros
perejil
1 limón

Limpiar las alcachofas, quitarles las hojas duras y lavarlas. Se cortan en cuatro trozos, se rocían con limón y se ponen en un cazo con la mantequilla, el vino, sal, pimienta y perejil picado. Cubrirlas con agua y dejarlas hervir, poco a poco, hasta que estén cocidas.

Cuando les falta poco se añaden los huevos cortados en cuatro trozos a lo largo.

ALCACHOFAS FRITAS

Se limpian las alcachofas y se quitan las hojas duras dejando sólo el corazón. Se rocían con limón y se cortan en láminas finas.

Hacer una pasta con harina, sal y agua. Debe quedar como una crema espesa, sin grumos. Se pasan las alcachofas por esta masa y en el último momento se fríen en abundante aceite que no esté demasiado caliente.

ALCACHOFAS REBOZADAS

Se limpian y quitan las hojas duras de las alcachofas, se cortan en cuatro trozos y se hierven en agua con sal y unas gotas de limón.

Se escurren muy bien y se rebozan primero en harina y luego en huevo batido. Freírlas en abundante aceite.

ALCACHOFAS AL HORNO

8 alcachofas	perejil
1 diente de ajo	1 limón
pan rallado	

Limpiar bien las alcachofas, sin quitarles las hojas; se abren un poco y se les echa dentro un chorrito de limón, uno de aceite, pimienta, sal y ajo y perejil picados. Por encima espolvorearlas con pan rallado y poner a horno fuerte, aproximadamente una hora.

ALCACHOFAS CON MANTEQUILLA

6 alcachofas	perejil
50 g de mantequilla	1 limón

Limpiar las alcachofas y quitarles las hojas duras. Se cortan en cuatro trozos, se rocían con limón y se ponen en una cazuela. Añadir la mantequilla, sal, pimienta y un poco de agua. Se dejan hervir despacio hasta que estén cocidas.

Servirlas con perejil picado por encima.

ALCACHOFAS REHOGADAS CON GUISANTES

1 kg de alcachofas	laurel
400 g de guisantes congelados	aceite
50 g de jamón	1 limón

Cortar el jamón en tiras finas y sofreírlo en una cazuela con tres cucharadas de aceite.

Se quitan las hojas duras de las alcachofas, se lavan, se frotan con limón y se cortan en cuartos.

Ponerlas con el jamón, los guisantes, pimienta, sal y un chorrito de agua.

Se tapa y se deja cocer lentamente hasta que estén tiernas las dos cosas.

ALCACHOFAS A LA VINAGRETA

8 alcachofas	2 pepinillos
1 cebolla pequeña	perejil
sal	30 g de alcaparras
1 vasito de aceite	1 huevo cocido
pimienta	50 ml de vinagre

Cortar los fondos de las alcachofas hervidas en láminas muy finas. Picar todo lo demás y mezclar con el aliño y las alcachofas en una ensaladera. Remover.

ALUBIAS

Para hervirlas en casa, se deben poner en remojo con agua fría 12 horas antes.

Se les cambia el agua y se ponen a cocer lentamente hasta que estén tiernas.

Se pueden hervir con una cebolla en trozos, laurel y un chorro de aceite, o simplemente solas.

La sal es mejor ponérsela al final de la cocción.

No tirar el caldo en que se han cocido hasta que se haya acabado de hacer el guiso, por si se necesita añadir líquido.

Si se compran cocidas, se añade caldo al guiso.

ALUBIAS CON ALMEJAS

300 g de alubias	tomillo
500 g de almejas	1 diente de ajo
pimentón (picante o dulce)	laurel
1 cebolla	perejil

Se cuecen las alubias con tomillo, laurel, perejil y unos granos de pimienta. Siempre deben estar cubiertas de agua, pero que no sobre. Añadir la sal al final de la cocción.

Poner las almejas en agua salada durante una hora para que escupan la arena.

Sofreír la cebolla y el ajo picados. Antes de que se doren, añadir las almejas y un cucharón de caldo de cocer las alubias y esperar a que se abran. (Se pueden suprimir las conchas de las almejas.) Espolvorear con pimentón y añadir las alubias. Dejar que dé unos hervores moviendo la cazuela para que engorde la salsa. Si es necesario se pueden pasar unas cuantas judías por el pasapurés para espesar un poco.

ALUBIAS CASERAS

300 g de alubias	1 cebolla
1 copita de jerez	3 tomates
1 cucharada de harina	laurel
pan rallado	perejil

Con un poco de aceite se fríe la cebolla picada a fuego lento. Cuando está dorada se añaden los tomates rallados, la harina y la sal. Se deja freír diez minutos y se añade el jerez. Dejar que dé un hervor y añadir las alubias cocidas, una hoja de laurel y el perejil. Dejar cocer quince minutos revolviendo de vez en cuando. Si hace falta, añadir agua de cocer las judías o un poco de caldo. Espolvorear pan rallado por encima, regar con un chorrito de aceite de oliva y meter en el horno a gratinar.

CASSOULET

300 g de alubias	1 cebolla
200 g de carne magra de cerdo	3 tomates
200 g de salchichas	azafrán
2 cucharadas de manteca de cerdo	pan rallado
1 diente de ajo	

La carne de cerdo y las salchichas se cortan en trozos y se ponen a freír con la manteca. A media cocción se añade la cebolla picada, y cuando ésta esté bien dorada echar los tomates rallados y un poco de azafrán (optativo).

Al cabo de un cuarto de hora se añaden las alubias hervidas y el ajo picado muy fino. Dejar cocer diez minutos más.

Se ponen las alubias en una cazuela de barro, se espolvorean con pan rallado y un chorrito de aceite crudo y se meten en el horno a dorar. Las salchichas se ponen alrededor adornando.

ALUBIAS CON MANTECA

300 g de alubias	3 dientes de ajo
150 g de manteca de cerdo	perejil

Las alubias hervidas se mezclan con abundante perejil picado, los ajos también picados y la manteca a trozos.

Se meten en el horno una media hora en una fuente tapada con papel de aluminio. La temperatura debe ser alta y se va dándoles vueltas de vez en cuando. En el último momento se destapan para que se doren un poco.

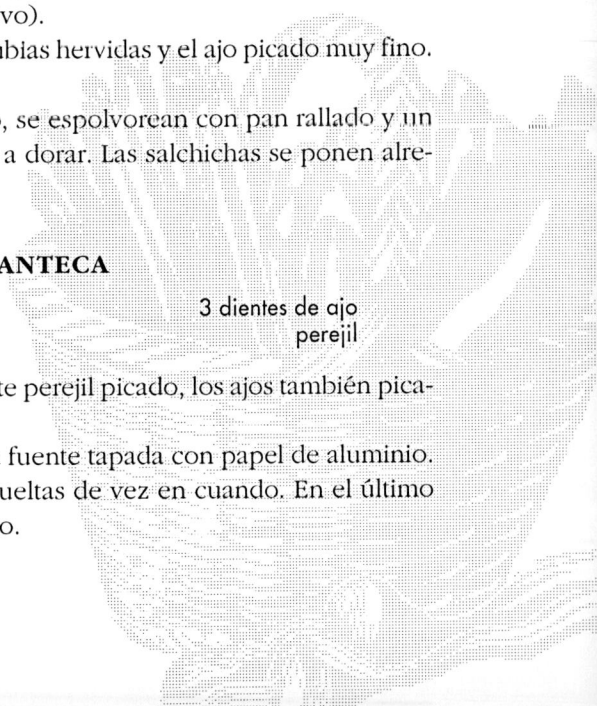

ALUBIAS ROJAS ARGENTINAS

300 g de judías rojas
1 pimiento verde
50 g de tocino
2 tiras finas de beicon
100 g de manteca de cerdo

1 zanahoria
1 cebolla
laurel
1 diente de ajo
perejil

Picar la cebolla, la zanahoria y el ajo. Cortar el pimiento en trozos pequeños. Se sofríe todo en la manteca (o en aceite) y cuando está bastante dorado se añade el tocino y el beicon cortado en trocitos.

Al cabo de diez minutos añadir las alubias hervidas, una hoja de laurel, sal y perejil. Se agrega agua de haber cocido las alubias o caldo y se deja que hierva, despacio, un cuarto de hora. Debe quedar espesito. Si está demasiado claro se pasan un par de cucharadas de alubias por el pasapurés para que espese la salsa.

BERENJENAS

Antes de freírlas conviene cortarlas y dejarlas una hora con sal para que suelten su agua y absorban menos aceite.

FLAN DE BERENJENAS

500 g de berenjenas
salsa de tomate
salsa bechamel

pan rallado
1 cebolla
4 huevos

Se pelan las berenjenas y se cortan en cuadraditos. Dejarlas con sal una hora, y freírlas con un poco de aceite.

La cebolla se pica pequeñita y se sofríe en una sartén. Cuando está dorada, añadir cinco cucharadas de salsa de tomate, pimienta y sal y dejar cocer cinco minutos.

Fuera del fuego se añaden los huevos batidos y las berenjenas. Se mezcla todo muy bien y se pone en un molde de flan untado con aceite y espolvoreado de pan rallado. Meterlo en el horno, al baño María hasta que esté cocido.

Desmoldarlo y cubrirlo con salsa bechamel.

En vez de bechamel se puede poner salsa de tomate clarita.

BERENJENAS CON PATATAS

3 berenjenas
salsa de tomate
queso rallado

3 patatas
2 cebollas
mantequilla

Pelar las patatas, berenjenas y cebollas y cortarlas en rodajas finas. Se fríen en aceite por separado. Sazonar. En una fuente de horno colocar una capa de patatas, una de berenjenas y por último una de cebollas.

Cubrir con salsa de tomate, espolvorear con queso rallado y mantequilla y meter en el horno a gratinar.

BERENJENAS RELLENAS

4 berenjenas	1/2 cebolla
100 g de jamón	mantequilla
salsa bechamel	queso rallado

Cortar las berenjenas por la mitad a lo largo y vaciar la pulpa con una cuchara con cuidado de no romperlas. La pulpa se corta en trozos pequeños y se pone a freír en una sartén con un poco de aceite y la cebolla picada.

Cuando está tierna mezclar el jamón picado, (puede ser carne picada de cerdo, frita de antemano) darle unas vueltas y sazonar. Añadir una taza de salsa bechamel dejándolo cocer un poco.

Se rellenan las berenjenas, que se habrán puesto a secar un poco en el horno, se espolvorean con queso rallado y mantequilla derretida y se meten en el horno a gratinar.

BERENJENAS CON TOMATE

Las berenjenas se pelan y se cortan en lonjas finas. Sazonarlas con sal y dejarlas una hora para que suelten su agua.

Hacer una pasta un poco espesa con harina, sal y agua. Las berenjenas se secan con un trapo, se rebozan en la pasta y se fríen en abundante aceite. (También se pueden freír sin rebozar.)

Se escurren sobre papel de cocina, y se colocan en una fuente de horno.

Cubrirlas con salsa de tomate espesa, espolvorearlas con mucho queso rallado y poner bolitas de mantequilla por encima. Meter en el horno a gratinar.

MUSAKA
(6 personas)

4 berenjenas	mantequilla
300 g de butifarra cruda	1 cebolla
3/4 l de salsa bechamel	salsa de tomate
queso rallado	2 huevos

Las berenjenas se pelan y se cortan en rodajas finas. Se les pone sal y se dejan reposar una hora para que suelten el agua.

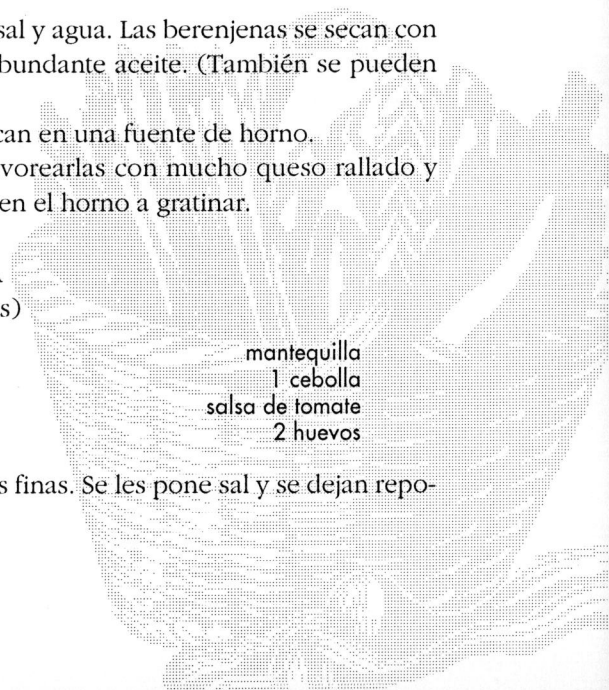

A continuación, se escurren y se secan con un trapo. Se fríen con bastante aceite y se ponen a escurrir sobre papel de cocina.

La cebolla se pica pequeña y se dora con aceite a fuego lento.

La butifarra se saca de la piel, se desmenuza y se fríe.

Se añade la cebolla sin nada de aceite y cuatro cucharadas de salsa de tomate. Se deja cocer, tapado, unos veinte minutos, hasta que suelte agua. Se pone a escurrir y cuando está frío se pasa por una trituradora.

En una fuente de horno engrasada se pone una capa de berenjenas, encima una capa de carne y unas cuantas cucharadas de salsa bechamel clarita y encima otra vez berenjenas.

Al resto de la bechamel se le añaden dos huevos batidos y se mezcla bien. Se cubren las berenjenas, se espolvorean con queso rallado y mantequilla y se deja cocer a horno fuerte, una media hora. Debe subir, como *soufflé,* y dorarse.

FLAN DE CALABACÍN

3 calabacines	5 huevos
1 vaso de leche	mantequilla
1/2 l de salsa bechamel	queso Gruyère

Lavar y cortar los calabacines en cuadraditos sin pelar. Rehogar con mantequilla vigilando que no se deshagan.

Fuera del fuego incorporar los huevos batidos y la leche, sal y pimienta. Echar en un molde y meter en el horno al baño María, hasta que esté cocido. El molde debe estar engrasado, con un papel de aluminio en el fondo y vuelto a engrasar.

Sacar del molde y cubrir con salsa bechamel clarita a la que se adicionan 70 g de queso Gruyère rallado.

CEBOLLITAS

Para pelar las cebollitas se escaldan y enseguida se pasan por agua fría.

CEBOLLITAS A LA CREMA

1 kg de cebollitas	1/2 l de leche
2 cucharadas rasas de harina	50 g de mantequilla
1 copita de coñac	

Pelar las cebollitas, escaldándolas antes, y rehogarlas en la mantequilla a fuego muy suave hasta que estén casi cocidas. Flamearlas con el coñac, añadirles un poco de sal y dejarlas hasta que estén doradas.

Retirarlas de la cazuela y en la misma grasa, dorar la harina y verter la leche caliente, poco a poco, removiendo continuamente. Dejar cocer veinte minutos, sazonar con sal y pimienta y mezclar con las cebollitas.

CEBOLLITAS GLASEADAS

Las cebollitas se escaldan y se pelan. Se ponen en una cazuela con agua que las cubra y un trozo de mantequilla. Se cuecen tapadas a fuego lento. Se va añadiendo agua si hace falta y cuando falta poco para que estén cocidas, se añade una cucharada de azúcar y sal.

Se dejan hasta que embeban el agua y se empiecen a caramelizar.

COL CON PATATA
(trinxat)

1 col	5 patatas
3 dientes de ajo	100 g de tocino

Lavar y trocear la col, quitándole las partes más duras. Las patatas se pelan y se cortan.

Se echan las dos cosas en una olla con agua hirviendo y cuando están cocidas, se escurren y se chafan con un tenedor.

Freír el tocino, o el beicon cortado en cuadraditos, y el ajo picado en una sartén grande, con aceite.

Añadir la col y patata y darle vueltas aplastando con el tenedor o espumadera, hasta que esté todo bien mezclado.

Darle forma de tortilla y dorarla por los dos lados, añadiendo un poco de aceite a la sartén.

También puede hacerse sin col (a los niños les gusta más).

FARDELILLOS DE COL

Hervir una col quitándole las partes más duras.

Escurrir bien y hacer montoncitos acabándolos de escurrir con la mano. Se rebozan en harina y se fríen.

Hacer un sofrito con cebolla y tomate, añadir una cucharadita de harina, agua y las coles. Dejar hervir lentamente veinte minutos.

Se le puede poner un poco de vino.

COLIFLOR

Hervirla unos quince minutos en mucha agua con sal, destapada y a fuego vivo.

COLIFLOR CON ALMENDRAS

1 coliflor	1/2 cebolla
1 vaso de salsa de tomate	harina
6 almendras tostadas	

Hervir la coliflor y escurrirla muy bien. Se corta en ramitos que se rebozan con harina y se fríen.

Cocer diez minutos la salsa de tomate, la cebolla sofrita y una cucharadita de harina, agregando algo de agua si hace falta.

Añadir la coliflor y darle unas vueltas. En el último momento se esparcen las almendras picadas.

COLIFLOR CON BECHAMEL

1 coliflor	4 patatas
salsa bechamel	mantequilla
queso rallado	

Se lava la coliflor, se corta en ramitos y se hierve en abundante agua con sal, destapada y a fuego vivo.

Las patatas, peladas y cortadas en trozos, se hierven aparte.

Se escurren las dos cosas y se ponen en una fuente de horno, engrasada con mantequilla.

Se cubre con bastante bechamel clarita sazonada con sal, pimienta y nuez moscada; se espolvorea con queso rallado y mantequilla y se mete en el horno hasta que esté dorado.

Se sirve muy caliente.

COLIFLOR EN FLAN

1 coliflor mediana	salsa de tomate
salsa bechamel	3 huevos
nuez moscada	pan rallado

Hervir la coliflor en agua con sal, escurrirla y pasarla por el pasapurés. Se le añade un cuarto de litro de bechamel sazonada con pimienta, sal y nuez moscada y los huevos batidos.

Echar esta mezcla en un molde engrasado con aceite y espolvoreado con pan rallado. Se pone a cocer en el horno, al baño María (al clavar una aguja o pincho debe salir limpio).

Poner un momento a dorar (para que se desmolde mejor) y colocar en una fuente con salsa de tomate por encima. Se puede esparcir queso rallado y mantequilla y gratinar.

En vez de salsa de tomate se puede cubrir con bechamel clarita.

COLIFLOR CON SALSA TÁRTARA

Hervir una coliflor. Hacer una salsa mayonesa y mezclarle alcaparras, pepinillos y cebolla, todo picado muy fino. Se le añade algo de agua o leche para aclararla.

Se vierte encima de la coliflor en el momento de servir.

CROQUETAS DE COLIFLOR

1 coliflor mediana
30 g de mantequilla
60 g de queso rallado
50 g de jamón

leche
30 g de harina
2 huevos
pan rallado

Hervir la coliflor en agua con sal, escurrirla muy bien y pasarla por el pasapurés. Ponerla al fuego, en una sartén, batiéndola para que vaya soltando el agua.

Se añade la harina, el queso, el jamón bien picado, un huevo batido y algo de pimienta. También la mantequilla y un chorrito de leche. Dejarlo cocer diez minutos a fuego lento, removiendo para que no se pegue y verterlo en una fuente.

Cuando está frío se forman las croquetas, se pasan por huevo batido y pan rallado y se fríen en abundante aceite muy caliente.

CHAMPIÑONES

Para limpiarlos, cortar un poco el tallo, echarlos en agua fría y frotarlos con la mano. Cambiar tres veces el agua, pero no dejarlos en remojo. Rociarlos con limón para que no se pongan negros.

CHAMPIÑONES A LA CREMA - 1

1 kg de champiñones
200 ml de crema de leche
50 g de mantequilla

15 g de harina
1 trufa
2 limones

Limpiar los champiñones, frotarlos con limón y ponerlos en una cazuela con un poco de mantequilla, sal, pimienta y nuez moscada. Se agrega la crema de leche con la harina disuelta y se cuecen diez minutos.

Servirlos en una legumbrera adornados con rodajas de limón, laminillas de trufa y triángulos de pan frito.

CHAMPIÑONES A LA CREMA - 2

1 kg de champiñones
100 g de mantequilla
2 vasos de crema de leche
1 yema de huevo
extracto de carne

coñac
nuez moscada
limón
pan

Limpiar los champiñones.

Poner agua en una cazuela y cuando está a punto de hervir, echar los champiñones escurridos, el zumo de un limón y sal. Se tapan, y cuando arranca el hervor se retiran y se escurren en un colador.

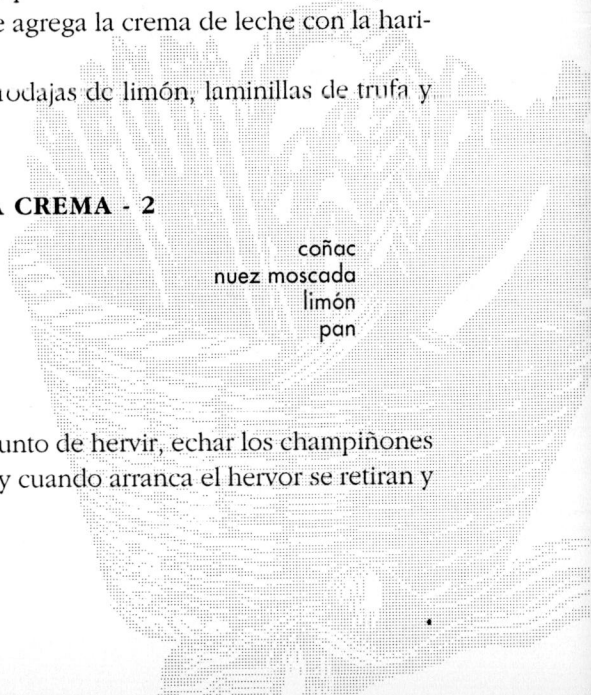

Poner a derretir 50 g de mantequilla, añadir los champiñones y un chorro de coñac. Se flamea y cuando se apaga se añade la crema de leche, nuez moscada, sal y pimienta. Se va revolviendo con una cuchara de madera y cuando están cocidos los champiñones se sacan.

Desleír la yema de huevo en un cucharada de agua y añadir el resto de la mantequilla, derretida, con cuidado de que no caigan posos blancos.

Cortar rebanadas de pan, quitarles la corteza y untarlas con un poco de mantequilla. Se meten en el horno a tostar.

Encima de las tostadas se colocan los champiñones. A la salsa, se le añade en el último momento la mezcla de yema y mantequilla y un poco de extracto de carne. Se calienta mucho en el fuego, sin que llegue a hervir. Cuando espesa un poco se cubren los champiñones.

CHAMPIÑONES RELLENOS

1 kg de champiñones grandes	1 cebolla
100 g de jamón	3 tomates
1 copita de jerez	mantequilla
queso rallado	

Limpiar los champiñones. Cortar los pies y picarlos.

Las cabezas se frotan con limón y se ponen en una fuente engrasada diez minutos al horno.

La cebolla y el jamón muy picados se sofríen en mantequilla. Añadir los tomates rallados y freír diez minutos.

Agregar los tallos de los champiñones picados y el jerez y cocerlos otros diez minutos.

Añadir el jugo que han soltado los champiñones en el horno. Con este preparado rellenar los champiñones.

Se espolvorean con queso rallado y mantequilla y se meten en el horno a gratinar.

ENDIBIAS

Lavarlas debajo del chorro de agua fría, sin dejarlas en remojo. Si se utilizan en ensalada hay que cortarlas y aliñarlas en el último momento para que no se pongan negras. Se tienen que tapar para que no les dé el aire.

ENDIBIAS GRATINADAS

8 endibias	2 puerros
200 g de jamón en dulce	2 zanahorias
200 g de quesoGruyère	50 g de mantequilla
1/2 l de leche	3 cucharadas de harina
queso para gratinar	2 cucharadas de aceite

Pelar y cortar las zanahorias en rodajas finas. Ponerlas en una cazuela con la mantequilla y el aceite y dejar que se vayan haciendo poco a poco.

Lavar los puerros y las endibias y cortarlos en trozos de un centímetro. Agregar a las zanahorias y rehogarlo, tapado, cinco minutos.

Cortar el jamón y el queso en tiritas y mezclar con las verduras. Sazonar con sal y pimienta. Añadir la harina y rehogar sin que tome color. Incorporar la leche removiendo sin parar hasta que empiece a hervir. Dejar cocer a fuego lento unos diez minutos, hasta que se despegue de las paredes.

Colocar la mezcla en una fuente de hornear, espolvorear con queso rallado y mantequilla y meter en el horno a gratinar.

También se puede poner en un fondo de pasta quebrada ya cocida.

ESPÁRRAGOS

Pelarlos de la punta hacia abajo. (Para ello va bien un utensilio específico para pelar espárragos.) Lavarlos con agua fría y hacer manojos de ocho o diez, por grosores. Atar cada manojo con dos tiras de cordel poniendo las cabezas hacia el mismo lado. Igualar en altura las cabezas y cortar los tallos de una vez, dejando los espárragos de unos veinte centímetros de largo. Se pueden preparar con tiempo y envolverlos en un trapo húmedo.

Echarlos en mucha agua hirviendo con sal. A fuego suave durante unos quince minutos, destapados. Deben quedar un poco fuertes. Pasarlos con cuidado a un plato para que escurran bien. Se pueden cubrir con un trapo para que absorba el exceso de humedad. No meterlos en la nevera.

Si se quieren tomar calientes, se calientan al vapor. Nunca se vuelven a poner en agua.

Los espárragos verdes no se pelan. Si se hierven se hace de la misma manera que los blancos. Si se rehogan o fríen, se parten con la mano en trocitos, hasta donde se nota que están duros.

ESPÁRRAGOS GRATINADOS

1 lata grande de espárragos	2 huevos cocidos
100 g de jamón en dulce	salsa bechamel
100 g de queso rallado	mantequilla

Hacer la salsa bechamel con el jugo de la lata de espárragos y la leche necesaria. Poner un poco en el fondo de la fuente.

Los espárragos, muy escurridos, se colocan encima, así como los huevos cortados en discos. La mitad del queso y el jamón cortado en tiritas se mezclan con el resto de bechamel y se cubren los espárragos. Espolvorear con el resto de queso y un poco de mantequilla y gratinar en el horno. Queda mejor en cazuelitas individuales.

PASTEL DE ESPÁRRAGOS
(6 personas)

3 latas de espárragos de 200 g
3/4 de l de leche
3 cucharadas de harina

6 huevos
mantequilla
salsa mayonesa

Hacer una salsa bechamel con la leche, harina y mantequilla. Añadir los huevos batidos y los espárragos cortados en trocitos, muy escurridos, reservando algunos para adornar.

Engrasar un molde con mantequilla, forrar el fondo con papel de aluminio y volver a engrasar. Verter el preparado y meter en el horno, al baño María, hasta que se cuaje.

Cuando esté frío, desmoldar y cubrir con mayonesa.

Adornar con los espárragos reservados.

ESPÁRRAGOS REHOGADOS CON HUEVOS

3 manojos de espárragos verdes

4 huevos duros

Cortar los espárragos en trocitos, con la mano para saber hasta dónde están tiernos. Lavarlos y ponerlos en una cazuela con tres cucharadas de aceite y sal. Sin agua. Tapar y dejar cocer lentamente hasta que estén hechos. (Un punto firmes.) Añadir los huevos cortados en cuatro a lo largo, calentar un poco y servir.

ESPINACAS

Cortar un poco los tallos y lavarlas en muchas aguas pasándolas con la mano de una a otra agua. Ponerlas a hervir lentamente, destapadas, en abundante agua con sal unos diez minutos.

Escurrirlas y si no se van a comer enseguida refrescarlas con agua fría.

ESPINACAS A LA CREMA

1 kg de espinacas
mantequilla
queso rallado

salsa bechamel
pan frito

Limpiar muy bien las espinacas, cortarlas en trozos y hervirlas destapadas en agua con sal durante muy poco rato. Si son tiernas con diez minutos hay bastante.

Se escurren bien apretándolas con la espumadera para que suelten al máximo el agua.

Hacer un cuarto de litro de bechamel espesa añadiéndole sal, pimienta y nuez moscada.

Las espinacas se trituran un poco, procurando que no se hagan puré, y se mezclan con la bechamel en el fuego. Se remueve hasta que esté bien mezclado y se pone en una fuente de hornear, con bastante queso rallado por encima y bolitas de mantequilla.

Meterlo un cuarto de hora a horno fuerte y gratinarlo.

Puede acompañarse con triángulos de pan frito.

PURÉ DE ESPINACAS

1 kg de espinacas
1 cucharada rasa de harina
30 g de mantequilla

1 vaso de leche
100 ml de crema de leche

Lavar las espinacas, cortar bastante los tallos y hervirlas destapadas en abundante agua con sal durante diez minutos. Escurrirlas bien y picarlas.

Fundir en una sartén la mantequilla y añadir las espinacas, dando vueltas, para secarlas.

Espolvorear por encima la harina y al cabo de cinco minutos añadir poco a poco la leche caliente y la crema de leche. Sazonar con pimienta, sal y nuez moscada y dejar cocer diez minutos más removiendo a menudo.

Sirve para acompañar huevos, carnes, jamón al oporto, etc.

GARBANZOS

Para hervirlos en casa, se deben poner en remojo 12 horas antes. Se les cambia el agua y se ponen en una olla con agua templada. Se dejan cocer a fuego medio, procurando que no se interrumpa la ebullición; de lo contrario quedarían duros. La sal se les echa cuando están casi cocidos.

GARBANZOS EN POTAJE

300 g de garbanzos
4 cucharadas de salsa de tomate
1 diente de ajo
100 g de chorizo

500 g de espinacas
1 cebolla
laurel
3 huevos

Se cuecen los garbanzos siguiendo las instrucciones arriba indicadas.

Picar la cebolla y el ajo y rehogarlos en aceite hasta que están dorados. Añadir la salsa de tomate y sofreír cinco minutos.

Agregar un vaso del caldo de cocción de los garbanzos y dejar hervir cinco minutos más, sazonándolo con sal y pimienta.

Se añaden los garbanzos escurridos y el chorizo cortado en rodajas y se deja cocer un cuarto de hora a fuego lento, añadiendo más agua si hace falta.

Servir con las espinacas, hervidas y rehogadas, en el centro y los huevos duros cortados en gajos alrededor.

GARBANZOS EN TORTILLA

300 g de garbanzos cocidos
4 tomates maduros
500 g de espinacas

perejil
pan rallado

Los garbanzos se chafan muy bien con un tenedor y se ponen en una sartén con aceite caliente para dorarlos, dándoles forma de tortilla. Cuando está dorada por un lado, se le da la vuelta poniendo un poco más de aceite.

Los tomates se cortan por la mitad, se espolvorean con pan rallado y sal y se ponen a freír en una sartén con poco aceite.

Primero por el lado del pan y luego por el otro lado. Se espolvorean con perejil picado.

Las espinacas, bien lavadas, se hierven en agua con sal. Se escurren bien, se pican y se rehogan en aceite. (Si se quiere, se puede freír un ajo en el aceite.)

En una fuente redonda se coloca la tortilla de garbanzos y alrededor, alternando, las espinacas y los tomates. Todo muy caliente.

GUISANTES

Si se compran frescos, sin desgranar, se calcula medio kilo por persona.

Si son congelados, calcular un cuarto de kilo por persona.

GUISANTES ESTOFADOS

2 kg de guisantes
100 g de butifarra blanca
50 g de tocino magro
50 g de butifarra negra

1 cebolla
1 diente de ajo
1 hoja de laurel
tomillo

Pelar los guisantes y ponerlos en una cazuela con un poco de aceite, la cebolla a cuartos, la butifarra blanca y el tocino cortados en dados, el ajo, laurel, tomillo, sal y pimienta.

Se añade un vaso de agua, se tapa y se deja cocer muy lentamente hasta que los guisantes estén tiernos. Poco antes de retirarlos del fuego añadir la butifarra negra cortada en rodajas.

GUISANTES A LA FRANCESA

2 kg de guisantes
12 cebollitas pequeñas
1 cucharadita de azúcar

100 g de mantequilla
1 lechuga
perejil

En una cacerola se ponen los guisantes pelados, el corazón de la lechuga cortado en dos a lo largo y atado, las cebollitas, el azúcar, la pimienta, el perejil, la sal y 75 g de mantequilla.

Se deja un rato tapado y luego se pone al fuego añadiéndole medio vaso de agua. Tiene que cocer tapado y muy despacio hasta que los guisantes estén tiernos. Debe quedar una cucharada de líquido. (Si es necesario se añade más agua.)

Al ponerlos en la fuente se añaden 25 g de mantequilla. Las cebollas se ponen alrededor y la lechuga en el centro.

GUISANTES CON HUEVOS

2 kg de guisantes	6 huevos
1 diente de ajo	1 cebolla
8 almendras tostadas	10 g de harina
laurel, tomillo	perejil

En una cazuela de barro se rehoga la cebolla trinchada fina con algo de aceite. Cuando está dorada se añade la harina, y cuando toma color, se agrega un vaso de agua, sal, pimienta, los guisantes hervidos y los huevos cocidos y cortados en cuatro a lo largo.

El ajo y las almendras se machacan en el mortero y se añaden a los guisantes junto con el laurel y el tomillo.

Dejar cocer, lentamente, durante un cuarto de hora. A media cocción se añade un poco de perejil picado. Servir en la misma cazuela, sin las hierbas.

FLAN DE GUISANTES

1/2 kg de guisantes	1/2 cebolla
1 vaso de leche	1 butifarra
50 g de mantequilla	4 huevos

Picar la cebolla y sofreírla en la mantequilla.

Pelar la butifarra, y freír el picadillo en una sartén, sin aceite, muy despacio. Cuando está cocida se añade a la cebolla junto con los guisantes hervidos de antemano, los huevos batidos y la leche. Sazonarlo con sal y pimienta.

Se engrasa un molde de flan, se cubre el fondo con papel de aluminio y se vuelve a engrasar el papel. Verter la mezcla y meterlo en el horno al baño María hasta que esté cocido. Se sabe que está en su punto cuando al meter una aguja larga, ésta sale limpia.

Desmoldar y cubrirlo con salsa de tomate clarita o mayonesa.

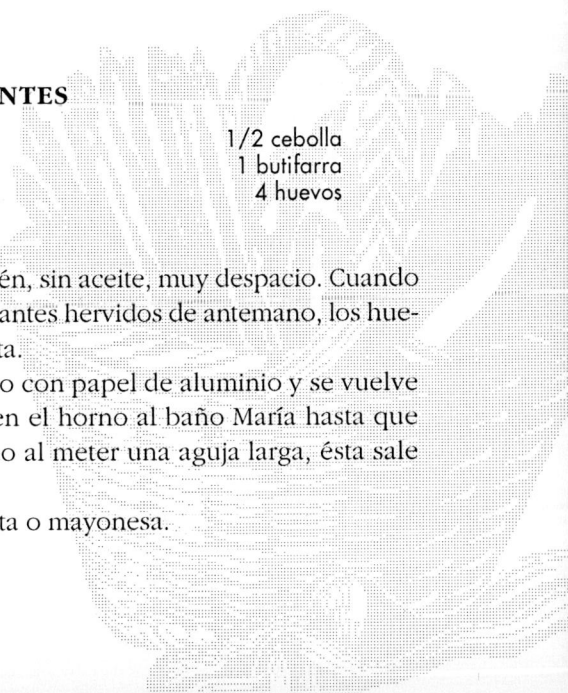

Habas

Si son frescas, sin pelar, calcular un kilo por persona.

Si son congeladas, un cuarto de kilo por persona.

HABAS ESTOFADAS

Se hacen igual que los guisantes estofados añadiendo dos hojas de menta fresca. En vez de dos kilos se ponen cuatro.

HABAS A LA MENTA - 1

3 kg de habas tiernas   4 hojas de menta fresca
100 g de jamón

Las habas deben ser pequeñitas y el jamón bueno. Poner las habas con cuatro cucharadas de aceite de oliva en una sartén. Se van friendo, despacio, tapadas. Cuando les falta poco se destapan y se añade el jamón cortado en dados, sal, pimienta y las hojas de menta. Se les va dando vuelta vigilando que no se doren y se sirven enseguida.

También son buenas frías.

HABAS A LA MENTA - 2

3 kg de habas   8 hojas de menta fresca
1/2 vaso de crema de leche

Las habas tienen que ser pequeñísimas, de las primeras.

Se pelan y se hierven ocho o diez minutos en agua con sal.

Poner en un cazo medio vaso de crema de leche, sal y pimienta y reducir a la mitad. Añadir las habas, escurridas, con ocho hojas de menta y darles unas cuantas vueltas.

Se toman templadas.

Judías verdes

Si son finas, sólo hay que cortarles los extremos. Si son anchas, además hay que sacarles los hilos de los lados. Se ponen a hervir destapadas con mucha agua y la sal, a fuego vivo. Deben dejarse un poco fuertes; que no se pasen de cocción.

Si son para tomar frías, hay que pasarlas enseguida por agua fría: quedan más bonitas.

JUDÍAS CASERAS

500 g de judías   4 patatas medianas
4 cebollas medianas

Pelar las cebollas y las patatas. Hervirlas, enteras, por separado.

Preparar las judías. Si son anchas, cortarlas a lo largo en dos o tres tiras y hervirlas como se indica.

Servirlas recién hechas con las patatas y cebollas alrededor.

También se pueden poner rodajas de tres centímetros de calabacín hervido con la piel.

Rociar con bastante aceite de oliva.

JUDÍAS BRAVAS

500 g de judías	4 patatas
salsa de tomate	3 guindillas

Este plato sirve para aprovechar restos de judías y patatas.

Cortar las patatas, ya hervidas, en trozos y dorarlas en una sartén con un poco de aceite. Tardan bastante en dorarse, hay que ir dándoles vueltas.

La judías, también hervidas, se ponen en una sartén o cazuela con salsa de tomate y las guindillas cortadas en rodajas. Se dejan cocer diez o doce minutos, se añade sal si hace falta y se sirven con las patatas alrededor. Todo muy caliente.

LENTEJAS

Seguir las mismas indicaciones que con las alubias.

No es necesario ponerlas en remojo con antelación.

LENTEJAS CON ARROZ

1/2 kg de lentejas	2 cebollas
3 tomates	laurel
100 g de chorizo	pimentón
1 diente de ajo	1 zanahoria
arroz	

Picar una cebolla muy fina y sofreírla en 1 dl de aceite. Cuando está algo dorada añadir el ajo picado y la zanahoria en trocitos pequeños. Seguir sofriendo un rato y añadir el tomate rallado y el chorizo cortado en rodajas, una cucharadita de pimentón y la sal. Se deja freír diez minutos.

Las lentejas se habrán tenido 12 horas en remojo. Se escurren y se hierven en agua con una cebolla cortada en cuartos, una hoja de laurel y algo de sal, hasta que estén tiernas.

Las lentejas con un poco de su caldo se añaden al sofrito y se dejan hervir lentamente media hora. Debe quedar caldoso.

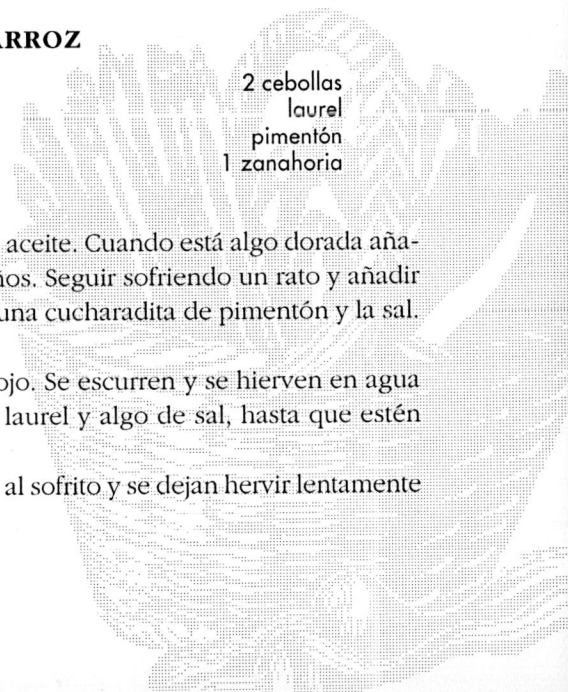

Servir acompañadas de arroz blanco.

Si las lentejas se compran cocidas, en vez de agua se les añade caldo.

LENTEJAS CON VERDURAS

Se hacen igual que las lentejas con arroz blanco pero en vez de chorizo se ponen toda clase de verduras (puerro, zanahoria, pimiento verde, apio, judías, etc.) cortadas muy pequeñas y rehogadas con la cebolla.

En el último momento se puede añadir una cucharadita de curry.

MENESTRA
(6 personas)

4 alcachofas	1/2 kg de espinacas
1/2 kg de guisantes	4 zanahorias
300 g de judías verdes	1/2 coliflor
300 g de cebollitas	1/2 cebolla
100 g de jamón	1 huevo
2 huevos duros	

Las alcachofas se limpian, se quitan las hojas más duras, se cortan en cuartos y se hierven. Luego se escurren bien, se rebozan en huevo batido y harina y se fríen.

La coliflor, en ramitos, se hierve y luego se fríe igual que las alcachofas.

Las espinacas, bien limpias, se hierven, se escurren mucho y con la mano se estrujan y hacen paquetitos que se rebozan y fríen.

Picar la media cebolla y sofreírla con un poco de aceite, en una cazuela de barro. Añadir el jamón en dados, dorar un momento y añadir los guisantes, las cebollitas, las zanahorias en rodajas y las judías cortadas en trozos. Sazonar con sal y pimienta, añadir un poco de agua y tapar dejándolo cocer despacio hasta que esté todo tierno. Si hace falta se va añadiendo agua.

Cuando falta poco para terminar la cocción se ponen, adornando, las alcachofas, coliflor, espinacas y los huevos duros cortados en cuartos.

Servir recién hecho.

PATATAS

Para hervirlas se pueden poner con el agua fría.

Se pueden dejar en el agua cuando están cocidas.

Para hacer puré tienen que estar muy calientes y escurridas.

Si se quieren para ensalada es mejor hervirlas con piel.

Para freírlas, debe utilizarse abundante aceite, caliente pero no humeante. Va muy bien freírlas en dos veces. La primera vez se cuecen sin dorar y la segunda, sólo se echan un momento para que se doren.

Patatas avellana

Se cortan las patatas en trozos del tamaño de una nuez y con el cuchillo se van redondeándolos hasta que queden como un huevo de codorniz. (Hay aparatos especiales para cortar patatas avellana.)

Poner en una sartén mitad mantequilla (o margarina) y mitad aceite (como medio centímetro) y cuando está caliente echar las patatas. A fuego vivo darles unas cuantas vueltas para que se impregnen bien de grasa. Entonces se baja el fuego y se tapa la sartén, moviéndolas de vez en cuando con una cuchara de madera.

Deben quedar todas doradas por igual. Sólo deben ponerse las patatas que quepan en el fondo de la sartén; no deben estar unas encima de otras.

Cuando están hechas, se les pone la sal y se escurre la grasa sobrante. Se puede poner perejil picado por encima.

Especialmente adecuadas para acompañar carnes.

PATATAS CON BEICON

1 kg de patatas	150 g de beicon
1 cebolla	

Picar la cebolla fina y rehogarla con algo de aceite. Cuando empieza a cocerse, se añade el beicon cortado fino y en trocitos. Se deja hasta que la cebolla esté algo dorada y se añaden las patatas peladas, lavadas y cortadas en trozos no muy grandes. Sazonar con sal y pimienta y darle unas cuantas vueltas. Se añade agua, justo para que las cubra, y se dejan cocer lentamente hasta que estén hechas. Deben quedar caldositas pero con la salsa un poco espesa.

PATATAS CON CHIRLAS

Lavar en muchas aguas medio kilo de chirlas o almejas y proceder como en la receta «patatas con perejil».

También se pueden poner las chirlas para que se abran en una olla con dos cucharadas de agua y tapadas a fuego no muy fuerte. Esta agua, donde las chirlas han soltado el jugo, se añade a las patatas. En el último momento poner las chirlas sólo con una valva.

PATATAS «DAUPHINOIS»

6 patatas	nuez moscada
1/2 l de leche	4 huevos
100 g de queso rallado	mantequilla

Cortar las patatas en lonjas finísimas (es más fácil con un aparato especial). Sazonar con sal, pimienta y nuez moscada. Colocar en una fuente de hornear engrasada.

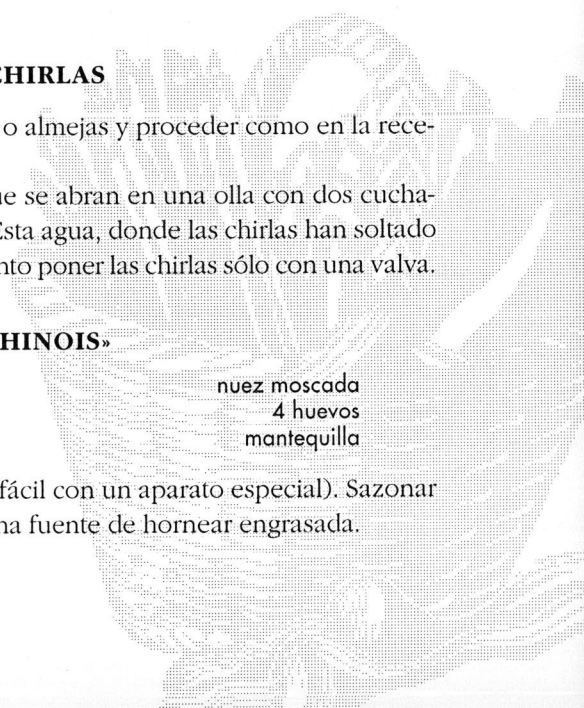

Se baten los huevos, se mezclan con la leche y el queso rallado y se echa encima de las patatas de manera que queden cubiertas por completo. Espolvorear con queso rallado y mantequilla, cubrir con papel de aluminio y meter en el horno muy fuerte. Tardan más de una hora en hacerse. En el último momento se destapan para que se doren.

PATATAS LIONESA

1 kg de patatas	400 g de cebollas
150 ml de aceite	perejil
50 g de mantequilla	

Cocer las patatas con piel y pelarlas después. Cortarlas en rodajas.

En una sartén con el aceite se sofríe la cebolla cortada en láminas finas, tapada y a fuego lento. Cuando empieza a dorarse se añaden las patatas, sal y pimienta y se saltean con cuidado de que no se queme la cebolla ni se deshagan las patatas.

Cuando ya está suficientemente salteado poner a escurrir en un colador y luego pasarlo a una fuente de hornear engrasada. Rocíar con la mantequilla derretida y meterlo en el horno a gratinar.

Se sirven en la misma fuente espolvoreadas de perejil picado.

PATATAS PANADERA

1 kg de patatas	1 cebolla
1/4 de l de caldo	75 g de mantequilla

Pelar, lavar y cortar las patatas en rodajas finísimas. Sazonar con sal y pimienta. Las cebollas también se cortan en láminas finas y se ponen en una sartén con 50 g de mantequilla. Se tapan y se rehogan hasta que empiecen a dorarse.

Engrasar con mantequilla una fuente de horno y poner una capa de patatas, luego una de cebolla y luego otra de patatas.

Cubrir con el caldo y tapar con un papel de aluminio engrasado.

Se mete en el horno hasta que se cuezan las patatas.

Servir espolvoreado de perejil picado.

PATATAS CON PEREJIL

1 kg de patatas	1 cebolla

Sofreír la cebolla en un poco de aceite. Añadir un puñado grande de perejil picado, las patatas peladas y cortadas en trozos y agua que las cubra. Tapar y dejar cocer despacio hasta que estén hechas las patatas.

También se pueden poner guisantes u otras verduras.

Se puede añadir ajo.

Cuando falta poco para terminar la cocción se puede añadir medio kilo de almejas bien lavadas.

PATATAS A LO POBRE

1 kg de patatas
1 pimiento verde
2 dientes de ajo

2 cebollas
6 huevos

Cortar las patatas como para tortilla, las cebollas en rodajas finas y el pimiento en trocitos.

Poner en una sartén bastante aceite. Colocar en el fondo la cebolla, luego el pimiento y por último las patatas. Se tapa y se pone a fuego lento un rato sin tocarlo.

Cuando empieza a ablandarse la cebolla, se le va dando vueltas de vez en cuando, y al empezar a dorarse las patatas, se destapa y se pone el fuego más fuerte hasta que estén hechas y bien doraditas. Poner a escurrir. Mientras, se hacen los huevos fritos. El huevo se rompe en un plato o taza y de ahí se echa a una sartén pequeña con mucho aceite caliente.

PATATAS REALES

8 patatas
250 ml de crema de leche

queso rallado
250 ml de leche

Pelar las patatas y cortarlas en rodajas de medio centímetro.

Hervirlas con la mitad de la leche y de la crema de leche, sal y pimienta durante sólo unos minutos para que no se rompan (es mejor ir haciéndolas por tandas).

Colocarlas en filas, a caballo, sobre una fuente engrasada de horno.

Poner por encima la leche y crema de leche que habíamos reservado, y lo que ha quedado de hervirlas. Espolvorear con queso rallado abundante y meter a horno medio hasta que las patatas estén blanditas y doradas. Deben quedar jugosas, o sea que si hace falta se añade más mezcla de leche y crema.

PATATAS CON SALMÓN AHUMADO

1 kg de patatas
1 limón
cebollino

250 g de salmón
alcaparras

Las patatas deben ser pequeñas y nuevas. Se hierven enteras, sin pelar, en agua con sal. Se escurren y cuando se enfrían un poco se pelan y se cortan en rodajas de un centímetro.

Aliñar cuando todavía están calientes con el zumo del limón y tres veces más de aceite. Picar muy finas 4 o 5 ramitas de cebollino y añadir al aliño junto con la pimienta y la sal. Se revuelve bien con las patatas vigilando que no se deshagan. En el momento de servir pasarlas a otra fuente y poner por encima el salmón en trozos grandes y unas cuantas alcaparras.

PURÉ DE PATATA

500 g de patatas
1/4 de l de leche
1 cucharada de queso rallado

3 huevos
50 g de mantequilla

Se pelan y hierven las patatas. Se pasan por el pasapurés calientes y bien escurridas; se les añade la leche, huevos batidos, la mitad de la mantequilla y la sal. Se mezcla muy bien dando vueltas a fuego lento y se pone en una fuente de hornear engrasada. Se esparce por encima queso rallado y trocitos de mantequilla.

Dejar en el horno hasta que se gratine.

Este mismo puré, sin huevos, sirve para acompañar cualquier plato.

También se le pueden poner láminas de queso Gruyère entre medio y gratinar.

Otra variante de este plato consiste en poner entre medio y encima, lonjas de sobrasada y meterlo en el horno hasta que se deshaga la sobrasada.

PURÉ DE PATATA CON ATÚN

1 kg de patatas
salsa mayonesa
2 tomates
ensalada

2 latas de atún
1 cebolla
aceitunas

Pelar, lavar y hervir en agua con sal las patatas. Sin que se enfríen se pasan por el pasapurés y se extiende, encima de un trapo limpio, una capa de un grosor de un centímetro.

Picar la cebolla y sofreír en un poco de aceite. Cuando está dorada añadir los tomates rallados y sal y freír diez minutos más.

Se abren las latas de atún, se escurre el aceite y se desmenuza el atún con un tenedor.

Añadirlo al sofrito y extender encima del puré. Con la ayuda del trapo se va enrollando, como un brazo de gitano. (También se puede poner en una fuente una capa de puré, encima el sofrito con atún y encima otra capa de puré, dándole luego la forma.)

Cubrirlo con salsa mayonesa espesita y adornarlo con aceitunas clavadas por encima y lechuga picada alrededor.

BOLAS DE PURÉ

500 g de patatas
crema de leche
100 g de queso rallado

50 g de mantequilla
nuez moscada

Pelar, cortar y hervir las patatas. Sin que se enfríen, se escurren y se pasan por el pasapurés. Añadirles la mitad de la mantequilla, sal, pimienta y nuez moscada.

Hacer bolas del tamaño de albóndigas y ponerlas en una fuente de hornear sin que se toquen unas a otras.

Se cubren con abundante crema de leche y queso rallado.

Rociarlas con mantequilla derretida y meterlas en el horno. Se dejan un cuarto de hora y después se gratinan.

Estas mismas bolas se pueden rellenar con un trocito de sobrasada.

PURÉ DE PATATA CON CARNE

puré de patata	mantequilla
1/2 kg de carne picada	1 cebolla
queso rallado	2 tomates

Se rehoga la cebolla picada con un poco de aceite. Cuando está dorada añadir los tomates rallados, sofreír diez minutos y agregar la carne sazonada con sal.

Cuando está cocida poner en un plato para que escurra el líquido sobrante.

En una fuente de hornear se extiende una capa de puré de patata, hecho sin huevos, encima una capa de carne picada, y se cubre con otra capa de puré. Por encima, se pone queso rallado y mantequilla. Se meten en horno fuerte media hora.

DISCOS DE PURÉ DE PATATA

500 g de patatas	salsa mayonesa
pan rallado	1 huevo
salsa de tomate	

Pelar y lavar las patatas. Cortarlas en trozos y hervirlas en agua con sal.

Sin que se enfríen, se pasan por el pasapurés y se forma un rollo de unos diez centímetros de ancho.

Cuando está frío cortar discos de un dedo de ancho, rebozarlos con huevo batido y pan rallado y freírlos en abundante aceite muy caliente. Se dejan un momento en papel absorbente y se pasan a una fuente poniéndolos a caballo.

A un lado se pone salsa mayonesa y en el otro lado, salsa de tomate espesita, muy caliente.

Al comerlos, en el plato, mezclar las dos salsas.

PIMIENTOS RELLENOS

1 lata de pimientos del piquillo	salsa de tomate
1 lata pequeña de pimiento	crema de leche
1 lata de sucedáneo de cangrejo	

Rellenar los pimientos con el sucedáneo de cangrejo mezclado con salsa de tomate y cerrarlos con palillos.

Ponerlos en una fuente de hornear.

El pimiento de la lata pequeña se tritura mezclándolo con un botellín de crema de leche, se sazona con sal y pimienta y se cubren los pimientos rellenos. Se mete en horno medio unos veinte minutos.

PISTO

1 pimiento rojo	1 calabacín
4 patatas	1 cebolla
1 berenjena	3 tomates
50 g de jamón	perejil
4 huevos	

El pimiento se asa y se pela.

En una sartén con bastante aceite freír las patatas, la cebolla, el calabacín y la berenjena, todo cortado como para tortilla.

Cuando está dorado añadir el jamón, el pimiento cortado en trozos y los tomates pelados y cortados muy pequeños.

Un momento antes de servir, se baten los huevos con perejil y se revuelven bien con lo demás.

Si no tenemos pimiento asado, se pone pimiento verde en trozos y se sofríe con lo demás.

PURRUSALDA

1 manojo de puerros	1 kg de patatas
200 g de costilla de cerdo	100 ml de aceite
50 g de mantequilla	perejil

La parte blanca de los puerros se corta en tiras largas de dos dedos y se rehogan en el aceite y mantequilla juntos. Cuando están blandos, sin llegar a dorarse, se añade la costilla cortada en trozos y las patatas peladas y también en trozos. Se deja rehogar un rato y se añade sal, perejil picado y agua sin llegar a cubrir las patatas. Cocer tapado hasta que estén tiernas.

FLAN DE PUERROS

8 puerros	5 huevos
200 ml de crema de leche	130 ml de leche
4 rebanadas de pan de molde	salsa bechamel
1 cucharada de espinacas hervidas	

Los puerros, en rodajas, se hierven con poca agua. Se trituran con la leche y el pan. Se añade la crema de leche, sal, pimienta y los huevos batidos. Se mezcla bien y se mete en el horno, al baño María hasta que esté hecho. Cubrir con bechamel clarita a la que se han agregado las espinacas trituradas.

RELLENOS GENOVESA

Se pueden hacer con toda clase de verduras: berenjenas, calabacines, tomates, cebollas, patatas, etc.

Se ponen a hervir en agua con sal hasta que estén tiernas. Se cortan por la mitad a lo largo, se vacían y se rellenan con lo que se ha sacado, picado con perejil, un huevo batido, un poco de sofrito de cebolla, pimienta, sal y queso rallado. También se puede añadir jamón picado.

Una vez rellenas las verduras, se rebozan con pan rallado y clara de huevo batida y se fríen en abundante aceite.

Acompañar con ensalada.

«SAMFAINA»

1 berenjena	1 cebolla
1 pimiento rojo	2 tomates
1 pimiento verde	1 calabacín

Pelar la berenjena, cortarla en cuadraditos pequeños, sazonarla con sal y dejarla escurrir por lo menos una hora.

Pelar el calabacín y cortarlo como la berenjena.

Los pimientos se cortan en trocitos.

La cebolla se pica pequeña y se pone con los pimientos en una sartén o cazuela con aceite. Taparlo y que se vaya haciendo a fuego lento.

Al cabo de un rato añadir la berenjena escurrida y el calabacín. Cuando está casi hecho, se ponen los tomates rallados y la sal. Sofreír hasta que el tomate esté cocido.

TOMATES RELLENOS - 1

8 tomates	2 huevos
100 g de jamón	perejil
miga de pan	queso rallado
mantequilla	

Vaciar los tomates y mezclar lo que se ha sacado, después de escurrido, con el jamón picado, los huevos batidos, sal, pimienta y un poco de de miga de pan desmenuzada. Se bate todo bien y se rellenan los tomates. Encima se pone mantequilla y queso rallado y se meten en el horno muy fuerte una media hora.

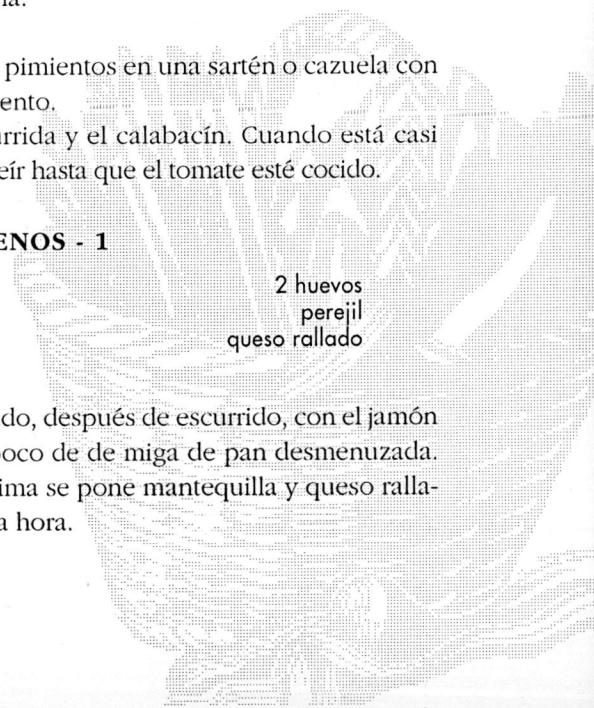

TOMATES RELLENOS - 2

Los tomates se vacían, se les pone dentro un poco de azúcar, sal y mantequilla. Se colocan en una fuente engrasada y se meten a horno fuerte.

Cuando están casi hechos se rellenan con guisantes hervidos, jamón picado y una bolita de mantequilla. Se espolvorean con queso rallado y se meten otra vez en el horno hasta que se acaben de hacer.

VERDURAS ESTOFADAS - 1

4 zanahorias
300 g de patatitas nuevas
300 g de cebollitas
vino blanco

1 cebolla
4 tomates
3 nabos

Hacer un sofrito con la cebolla y una zanahoria picadas. Cuando están doradas añadir los tomates rallados, sofreír bien, y añadir las patatas, rodajas de zanahoria, cebollitas, y nabos pequeños o cortados en rodajas.

Se deja dorar un poco y se añade una copita de vino blanco. Tapar y que hierva a fuego lento hasta que estén cocidas las verduras. Añadir agua si hace falta.

VERDURAS ESTOFADAS - 2

500 g de guisantes
400 g de patatitas nuevas
100 g de jamón

400 g de cebollitas
300 g de zanahorias
40 g de mantequilla

En una cazuela con un poco de aceite se sofríe el jamón cortado en dados. Se añaden las patatas, cebollas, guisantes y las zanahorias a rodajas. Todo pelado y lavado de antemano.

Agregar medio vaso de agua, sazonar con sal y cocer despacio, tapado, hasta que todo esté tierno.

En el momento de servir se añade la mantequilla.

VERDURAS AL HORNO

4 patatas
1 pimiento rojo
250 g de champiñones
perejil
mantequilla

1 diente de ajo
2 cebollas
4 tomates
4 alcachofas

Lavar las patatas y el pimiento y, sin pelar, envolverlos en papel de aluminio. Las cebollas también se envuelven sin pelar.

Los tomates se lavan y se cortan por la mitad. Se sazonan con sal y pimienta y se les pone encima un picadillo de pan rallado y perejil. Se rocían con un hilo de aceite y se colocan en una fuente de horno.

Los champiñones se lavan bien, se les corta el pie y se ponen en otra fuente de horno con sal, aceite de oliva, ajo y perejil picados.

Lavar las alcachofas, abrirlas un poco y echarles dentro aceite, pimienta y sal.

Ponerlo todo en el horno, calentado de antemano, a temperatura fuerte. Se van sacando las cosas a medida que están hechas.

Pelar el pimiento, cortarlo en tiras y aliñarlo con aceite de oliva y sal.

Si se ha enfriado en el último momento se calienta todo y se lleva a la mesa. Las patatas y cebollas envueltas, para que cada uno las prepare a su gusto: partidas por la mitad con sal, pimienta y aceite o con mantequilla.

Si a la vez se pone carne a la plancha, es una comida completa.

VERDURAS RELLENAS

Patatas, cebollas, berenjenas, calabacines, tomates.

Las patatas y cebollas se pelan y vacían. Los tomates, berenjenas y calabacines se vacían sin pelar. Los calabacines se pueden partir en tres.

Todo lo que se ha sacado, se pone en una sartén con un poco más de cebolla y aceite y se va sofriendo poco a poco. Se añade jamón picado y se rellenan las verduras.

La parte por donde se ha metido el relleno se pasa por harina y se fríe. Se van colocando en una cazuela boca arriba.

En una sartén se hace un sofrito, con cebolla bien dorada, tomate, perejil, sal, laurel y pimienta. Se añade agua, calculando que cubra las verduras, y se deja hervir cinco minutos.

Se pasa por el chino (no hace falta si la cebolla se corta muy pequeña y el tomate se pone rallado o en salsa) y se le añade una picada de 6 almendras o 12 piñones y una ramita de perejil.

Se cubren las verduras con esta salsa y se cuece a fuego lento hasta que estén tiernas.

PUDÍN DE VERDURAS
(6 personas)

300 g de coles de Bruselas
300 g de judías verdes
100 g de mantequilla
400 g de guisantes
salsa de tomate

4 zanahorias
4 huevos
nuez moscada
1 vaso de leche

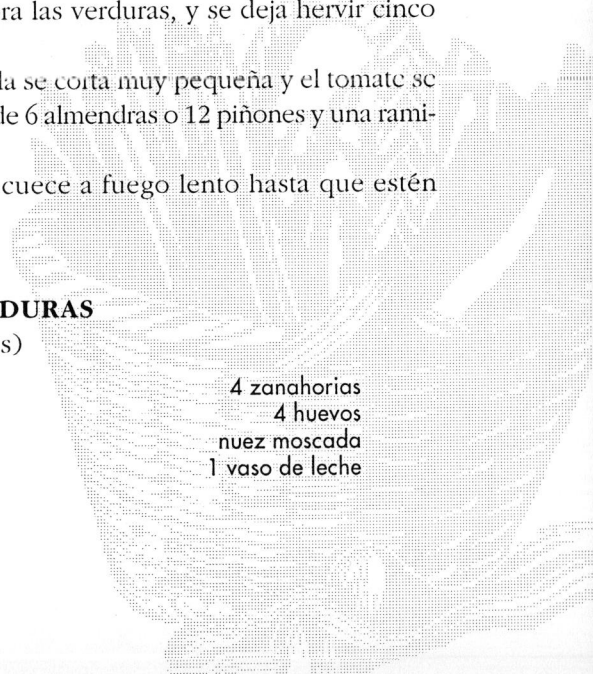

Partir las zanahorias en rodajas finas y hervirlas. Las judías se cortan en trozos y se hierven. Los guisantes y las coles también se hierven. Todo en agua salada y por separado. Saltear las verduras en mantequilla, también por separado.

Engrasar un molde de flan con mantequilla y en el fondo poner un disco de papel de aluminio. Volver a untar con mantequilla, y colocar las zanahorias. Encima de éstas, las coles de Bruselas, la mitad de las judías verdes, los guisantes y la otra mitad de judías.

Batir los huevos con la leche, especias y sal y echar por encima de las verduras. Meter en horno medio, al baño María, durante una hora más o menos.

Se desmolda en una fuente y se adorna con salsa de tomate alrededor.

ZANAHORIAS GLASEADAS

1 kg de zanahorias   50 g de mantequilla
1 cucharada de azúcar   sal

Se pelan las zanahorias; se cortan en rodajas de dos centímetros y se tornean los bordes con un cuchillo. Se ponen en una cazuela cubriéndolas de agua fría y se cuecen a fuego fuerte.

Cuando están tiernas y el agua evaporada, se añade la mantequilla, el azúcar y un poco de sal. Se rehogan a fuego lento hasta que están brillantes.

Sirven como acompañamiento de carnes, huevos, etc.

Este mismo sistema se utiliza para las cebollitas.

PASTAS

Se hierven siempre en abundante agua con sal y una cucharada de aceite.

Cuando se van a mezclar con salsa enseguida, no hace falta pasarlas por agua fría al escurrirlas.

Se tienen que dejar al dente *(un poco crudas).*

En general todas las recetas sirven para todas las pastas. Las de espaguetis para tallarines, etc.

CANELONES DE CARNE

1 paquete de canelones
200 g de carne picada de cerdo
3 cucharadas de leche
jerez
50 g de queso rallado

1 pechuga de pollo
100 g de paté
1 cebolla
salsa bechamel
30 g de mantequilla

Se hierven los canelones con mucha agua, sal y un poco de aceite hasta que estén *al dente*. Se escurren y se echan en un recipiente con agua fría. Luego se ponen de uno en uno encima de un trapo extendido, para rellenarlos.

Picar la cebolla fina y rehogarla en una sartén con un poco de aceite. Cuando está un poco dorada añadir la carne y acabar de freír las dos cosas. Se añade un chorrito de jerez, sal y pimienta y después de darle unas vueltas se pone en un plato para que escurra el agua.

La pechuga se cuece en una sartén con un poco de aceite, tapada. Se corta en trozos y se añade a lo anterior con el paté y la leche.

Se pasa todo por la máquina de picar carne para que quede bien fino.

Poner montoncitos encima de los canalones y enrollarlos.

Colocar en una fuente de hornear rectangular, embadurnada con mantequilla y cubrir con abundante salsa bechamel clarita. Se espolvorean con queso rallado y bolitas de mantequilla por encima y se meten en el horno media hora. Hasta que estén bien dorados.

CANELONES DE CHAMPIÑONES

1 paquete de canelones
3 huevos duros
50 g de miga de pan
4 cucharadas de nata líquida
mantequilla

200 g de champiñones
queso rallado
perejil
salsa bechamel
leche

Poner la miga de pan a remojar en un poco de leche.

Mezclarla con los champiñones cortados en láminas finas que se habrán rehogado en algo de mantequilla. Añadir los huevos duros picados, un poco de perejil, sal y tres cucharadas de nata.

Se rellenan los canelones y se cubren con salsa bechamel a la que añadimos una cucharada de nata para hacerla más fina.

Espolvorear con queso rallado y mantequilla y meter al horno hasta que estén dorados.

CANELONES DE ESPINACAS

1 paquete de canelones	500 g de espinacas
salsa bechamel	1 yogur
40 g de mantequilla	queso rallado
10 g de piñones	

Se hierven las espinacas, se escurren bien y se pican pequeñitas. Rehogarlas en mantequilla, añadiendo sal, pimienta y nuez moscada. Cuando están algo frías se mezcla el yogur y los piñones cortados pequeños.

Rellenar los canelones y cubrirlos con salsa bechamel.

Se espolvorean con queso rallado y mantequilla y se meten en el horno hasta que se doren.

CANELONES DE PESCADO

1 caja de canelones	1/2 cebolla
300 g de rape o merluza	salsa de tomate
1 chorrito de jerez	salsa bechamel
queso rallado	mantequilla

Limpiar el pescado, sazonarlo con sal y freírlo con un poco de aceite. Luego se saca la piel y las espinas.

Picar la cebolla muy pequeña y rehogarla en el aceite que ha quedado del pescado. Cuando está dorada se añade el pescado desmenuzado, sal, pimienta y jerez. Se dan unas vueltas y se añade salsa bechamel espesa.

Cuando se enfría, rellenar los canelones y cubrirlos con salsa de tomate.

Se espolvorean con bastante queso rallado y encima se pone un poco de mantequilla. Se mete al horno hasta que se doren.

En el relleno se pueden poner algunas gambas a trocitos y trufa picada.

CANELONES SENCILLOS

Se hacen igual que los de carne, pero en el relleno sólo se pone el paté y 250 g de butifarra o salchichas. Éstas se sacan de su envoltorio y se fríen como la carne picada.

CINTAS CON CHAMPIÑONES

250 g de tallarines anchos	200 g de champiñones
50 g de jamón en dulce	mantequilla
salsa bechamel	queso rallado

Hervir las cintas en agua con sal. Escurrirlas y pasarlas a una cazuela con mantequilla derretida y un poco de queso.

Los champiñones se cortan en láminas muy finas y se ponen en un cazo con unas bolitas de mantequilla, sal, pimienta y unas gotas de agua. Taparlos y cocerlos cinco minutos.

Se hace medio litro de bechamel clarita y se le añaden los champiñones con su jugo. Añadir también el jamón cortado pequeño.

Poner las cintas, calientes, en una fuente redonda, haciendo corona, y en el centro verter la salsa muy caliente. Por encima se pone queso rallado y mantequilla y se mete en el horno sólo a gratinar.

Es mejor guardar un poco de salsa para servir en salsera.

CINTAS «DAUPHINOIS»

250 g de cintas
100 g de jamón en dulce
1/4 de l de crema de leche

1/4 de l de leche
4 huevos
100 g de queso rallado

Partir las cintas en trozos, hervirlas *al dente* y pasarlas por agua fría escurriéndolas mucho.

Batir los huevos, añadir el jamón cortado en trocitos, el queso rallado, pimienta, sal, la crema de leche y la leche.

Se mezcla con las cintas y, en una fuente de hornear previamente engrasada, se pone en el horno fuerte media hora. (No debe secarse del todo.)

ESPAGUETIS

500 g de espaguetis
100 g de queso de Parma

100 g de mantequilla
salsa de tomate

Hervir los espaguetis, enteros, en mucha agua con sal y un chorrito de aceite. Deben quedar *al dente* o sea un poco crudos. Se escurren y se sirven inmediatamente en una fuente en la que se habrán puesto unos trozos de mantequilla. Aparte, servir salsa de tomate, el queso rallado y más mantequilla.

ESPAGUETIS AL AJO

500 g de espaguetis
6 dientes de ajo
1 guindilla

perejil
queso rallado

Los ajos se pelan, se pican pequeños y se fríen en aceite hasta que están doraditos. Se añade la guindilla a trocitos y los espaguetis hervidos y bien escurridos. Se tienen en el fuego hasta que estén bien calientes, removiendo de vez en cuando.

Servir inmediatamente espolvoreados con perejil picado y el queso rallado aparte.

ESPAGUETIS CARBONARA

300 g de espaguetis
3 yemas de huevo
300 ml de crema de leche

100 g de beicon
30 g de mantequilla

Cortar el beicon en tiritas finas y freírlo en la mantequilla sin que se dore demasiado.

Los espaguetis se hierven, se escurren y se añaden al beicon dándoles vueltas en el fuego.

Desleír las yemas en la crema de leche, añadir sal y pimienta y fuera del fuego mezclar con los espaguetis poco a poco. Los espaguetis deben estar muy calientes para servirlos enseguida.

ESPAGUETIS CON CHAMPIÑONES

400 g de espaguetis
300 g de champiñones
1 cucharadita de harina
400 ml de crema de leche

mantequilla
1 limón
jerez

Cortar los champiñones en láminas finas, rociarlos con zumo de limón y rehogarlos con dos cucharadas de mantequilla. Añadir la harina y dar unas cuantas vueltas para que se dore. Incorporar la crema de leche, la pimienta, la sal y un chorrito de jerez.

Calentar mucho y verter sobre los espaguetis recién hervidos.

ESPAGUETIS FRÍOS

300 g de espaguetis
100 g de jamón en dulce
1 lechuga
salsa vinagreta

6 pepinillos
salsa mayonesa
ketchup
cebollino

Se hierven los espaguetis partidos en trozos, se pasan por mucha agua fría y se dejan escurrir. Picar los pepinillos y el jamón y añadir a los espaguetis, mezclándolos con salsa mayonesa clarita y un poco de ketchup. Se meten en la nevera.

En el último momento se ponen en una fuente con lechuga picada y aliñada con la vinagreta, alrededor; y por encima trocitos de cebollino.

ESPAGUETIS CON GUISANTES Y JAMÓN

300 g de espaguetis
100 g de jamón en dulce
jugo de carne
1/2 cebolla

500 g de guisantes
30 g de mantequilla
queso rallado

Picar la cebolla y dorarla a fuego lento.

Los guisantes ponerlos en una cazuela con la mantequilla, sal, pimienta y medio vaso de agua. Dejarlos cocer, tapados, a fuego lento hasta que estén tiernos. Añadir el extracto de carne, el jamón cortado en dados y la cebolla.

Cocer los espaguetis, escurrirlos y añadir al preparado anterior muy caliente. Servir enseguida acompañado de queso rallado.

ESPAGUETIS CON HUEVOS DUROS

300 g de espaguetis
salsa de tomate
queso rallado

4 huevos
mantequilla

Hervir los huevos diez minutos. Cuando están fríos pelarlos y cortarlos en rodajas. Hervir los espaguetis, escurrirlos y agregarles 50 g de mantequilla derretida.

Se ponen en una fuente y se cubren con salsa de tomate. Encima se colocan las rodajas de huevo y se vuelve a cubrir con salsa. Espolvorear con queso rallado y trocitos de mantequilla y meter en el horno hasta que se dore.

Para cubrir los huevos se puede poner salsa bechamel en vez de salsa de tomate. O las dos cosas.

ESPAGUETIS CON VERDURAS

500 g de espaguetis
2 zanahorias
2 puerros
1 rama de apio

queso de Parma
mantequilla
2 nabos
1 chirivía

Pelar y cortar todas las verduras pequeñísimas, casi picadas. Sofreírlas a fuego muy lento, tapadas, en mantequilla.

Añadir sal y pimienta y mezclarlas con los espaguetis recién hervidos. Acompañar con queso de Parma rallado.

ESPIRALES AL ROQUEFORT

250 g de espirales
150 g de queso Roquefort

400 ml de crema de leche

El queso se aplasta con un tenedor y se le va añadiendo la crema de leche hasta que está bien mezclado.

Hervir las espirales, escurrirlas y bien calientes mezclarlas con la crema. Servir enseguida.

Se puede hacer con cualquier pasta.

FETUCINI

250 g de cintas
200 g de queso de Parma
300 ml de crema de leche

100 g de mantequilla
jugo de carne

Se hierven los *fetucini* (cintas o tallarines anchos) sin partir, en abundante agua con sal. También se puede poner una pastilla de caldo concentrado y jugo de carne.

Escurrirlos y pasarlos a una cazuela donde tendremos la mantequilla derretida. Se les da unas vueltas y se añade el queso de Parma rallado y la crema de leche. Debe quedar caldoso. Servir muy caliente.

FIDEOS A LA CAZUELA

300 g de fideos gruesos
200 g de costilla de cerdo
1 diente de ajo
250 g de salchichas

1 cebolla
300 g de tomates
perejil

Cortar la costilla en trozos y freírla en aceite con las salchichas. Cuando están muy doradas las dos cosas, se sacan y en el mismo aceite poner la cebolla picada, dejándola dorar también bastante, a fuego lento. Añadir los tomates rallados, el ajo picado, un poco de perejil, sal y pimienta.

Sofreír diez minutos y poner otra vez las salchichas cortadas por la mitad y la costilla de cerdo. Añadir tres cuartos de litro de agua caliente y dejar cocer por lo menos una hora.

Se añaden los fideos cortados y se dejan unos veinte minutos, hasta que estén en su punto. Deben quedar caldosos; añadir agua caliente si hace falta. Una vez cocidos se dejan reposar cinco minutos tapados y se sirven.

Se les puede poner una pastilla de caldo concentrado disuelta en el agua.

FIDEOS A LA MARINERA

300 g de fideos gordos
250 g de tomates
1 zanahoria
1/2 cebolla

50 g de tocino
100 g de atún
apio
albahaca

Picar la cebolla, la zanahoria y el apio y rehogarlo en un poco de aceite junto con el tocino cortado en trozos grandes y la albahaca. Cuando está dorado se añade el tomate rallado y se sofríe veinte minutos. Añadir el atún desmenuzado, sal y pimienta. Cocer cinco minutos más y sacar el tocino.

Hervir los fideos con abundante agua, escurrirlos y añadirlos al preparado anterior revolviéndolos bien. Se sirven muy calientes.

FIDEUÁ

500 g de fideos finos
ajo
pimentón

alioli
1 kg de pescado de roca
2 tomates

Machacar en un mortero un diente de ajo y los tomates pelados sin pepitas. Rehogarlo con un poco de aceite. Cuando esté dorado añadir una cucharada rasa de pimentón, un litro y medio de agua y un kilo de pescado de roca (escorpena, rata, congrio). Hervir a fuego medio durante una hora.

En una paella calentar un chorrito de aceite y dorar los fideos, dándoles vueltas para que se doren por un igual.

Verter el caldo de pescado, colado, hasta cubrir generosamente los fideos. Luego se va añadiendo caldo si hace falta. Se deja cocer hasta que los fideos estén en su punto.

Entonces se meten cinco minutos en el horno medio.

Puede acompañarse con salsa alioli.

LASAÑA

1 paquete de lasaña
salsa de tomate
200 g de carne picada
200 g de queso Gruyère
200 g de jamón en dulce

1 cebolla
1 zanahoria
salsa bechamel
mantequilla
queso rallado

La pasta de lasaña se hierve con agua, sal y un chorrito de aceite. Cuando está cocida, se sumerge en agua fría y se extiende sobre un paño limpio.

La cebolla y la zanahoria se pican y se fríen en un poco de aceite.

La carne picada (mejor de cerdo), se fríe en una sartén con poco aceite y se pone a escurrir.

El queso se corta en lonjas muy finas, si no lo hemos comprado ya cortado a máquina.

Untar con mantequilla una fuente de hornear rectangular.

Colocar una capa de lasaña, encima un poco de cebolla y zanahoria, dos cucharadas de salsa de tomate, y un poco de carne.

Cubrir con una capa de lasaña, otra de jamón y queso y encima dos cucharadas de salsa bechamel.

Seguir haciendo capas hasta que se acaban los ingredientes. La última capa debe ser de lasaña y se cubre con salsa bechamel clarita y abundante. Espolvorear con queso rallado y mantequilla y meter en el horno una media hora, hasta que esté muy caliente y dorada.

LASAÑA BOLOÑESA

1 paquete de lasaña
150 g de queso Gruyère
150 g de jamón en dulce
150 g de champiñones
queso rallado

1/2 l de salsa bechamel
salsa boloñesa
3 huevos duros
mantequilla

Hervir la pasta como en la receta anterior.

Lavar los champiñones, cortarlos en láminas finas y cocerlos con un poco de mantequilla, sal, pimienta y unas gotas de agua.

Untar una fuente de hornear con mantequilla, colocar una capa de pasta de lasaña y encima de ésta trocitos de jamón en dulce y rodajas de huevo duro. Se cubre con otra capa de lasaña, encima de ésta se pone queso Gruyère cortado en láminas finas y salsa bechamel mezclada con los champiñones.

Volver a empezar y acabar con una capa de lasaña espolvoreada con queso rallado y mantequilla.

Se mete veinte minutos en el horno, para que esté muy caliente, y al sacarlo para llevar a la mesa, se cubre con salsa boloñesa.

MACARRONES

500 g de macarrones
100 g de jamón
100 g de queso rallado

1 cebolla
salsa de tomate
mantequilla

Hervir los macarrones en agua abundante, sal y un chorrito de aceite. Escurrirlos y lavarlos con agua fría.

Freír el jamón, sin que llegue a dorarse, en medio vaso de aceite. Sacarlo y en el mismo aceite freír la cebolla, picada muy fina, a fuego lento. Cuando esté muy dorada añadir dos cucharones de salsa de tomate, el jamón, la sal y un poco de pimienta. Dejarlo cocer cinco minutos y, fuera del fuego, añadir los macarrones y un chorro de aceite de oliva crudo. Revolverlo todo muy bien y ponerlo en una fuente de hornear.

Espolvorearlo con abundante queso rallado del que se derrite, poner trocitos de mantequilla por encima y meter en el horno una media hora.

MACARRONES CON LECHE

300 g de macarrones
100 g de queso rallado
nuez moscada

1 l y 1/2 de leche
mantequilla

Poner la leche a hervir con sal, pimienta y nuez moscada.

Cuando hierve, se echan los macarrones y se cuecen hasta que estén *al dente*.

Se colocan en una fuente de hornear, sin escurrir, con todo el líquido. Se mezcla el queso y se pone algo más de queso por encima con unos trocitos de mantequilla.

Meter en el horno a gratinar. Si quedan con demasiada leche se dejan un poco más en el horno.

MACARRONES PERIGORDINA

300 g de macarrones
75 g de queso rallado
extracto de carne
mantequilla

salsa bechamel
1 huevo
2 trufas

Se hierven los macarrones en abundante agua con sal. Se escurren y se pasan por agua fría.

A medio litro de bechamel clarita añadirle una yema de huevo y una trufa picada fina. Mezclar con los macarrones y agregar una cucharadita de extracto de carne y 50 g de queso rallado.

Se ponen en una fuente de hornear y por encima se echa la otra trufa cortada en lonjas finas, el resto de queso rallado y trocitos de mantequilla. Meter en el horno a gratinar.

La bechamel es mejor añadirla muy caliente a los macarrones. En el último momento. Si se hace antes se seca demasiado.

ÑOQUIS DE SÉMOLA

250 g de sémola de trigo
2 yemas de huevo
queso rallado

nuez moscada
1 l de leche
mantequilla

Poner la leche a hervir con nuez moscada, pimienta y sal. Cuando arranca el hervor echar la sémola en forma de lluvia y remover hasta que se haya embebido el líquido.

Dejar enfriar un poco y añadir las yemas mezclándolo bien.

Humedecer una encimera con un poco de agua y extender la sémola dejándola del grosor de un centímetro.

Cuando está fría cortar cuadrados de unos cuatro centímetros e ir poniéndolos en una fuente de horno engrasada con mantequilla, sin que se toquen unos a otros. Espolvorear de uno en uno con queso rallado y rociar con mantequilla derretida.

Meter en el horno fuerte unos veinte minutos. Tienen que gratinarse un poco pero que no queden demasiado secos.

Cuando se ponen las yemas, se pueden poner también 300 g de espinacas picadas hervidas y muy escurridas.

RAVIOLIS

1 paquete de raviolis
queso rallado
mantequilla

salsa de tomate
salsa bechamel

Se hierven los raviolis en abundante agua con sal. Se escurren y se colocan en una fuente de hornear engrasada con mantequilla. Cubrirlos con una capa de salsa de tomate y encima una capa de salsa bechamel. Espolvorear con queso rallado y mantequilla y meterlos en el horno a gratinar.

Se puede hacer con sólo salsa de tomate.

Se calcula unos diez raviolis por persona.

TALLARINES CON CHAMPIÑONES

250 g de tallarines
300 g de champiñones
200 ml de crema de leche

50 g de queso rallado
100 g de beicon
mantequilla

Los champiñones se lavan y cortan en láminas muy finas.

Se pone una sartén al fuego con 50 g de mantequilla y el beicon cortado en tiras finas hasta que se dore. Se añaden los champiñones y se deja cocer cinco minutos.

Partir los tallarines y hervirlos en agua con sal. Se escurren, se añaden al otro preparado y se ponen en una fuente de hornear. Cubrirlos con la crema de leche, queso y bolitas de mantequilla.

Hornear veinte minutos a temperatura media.

TALLARINES CON SETAS

500 g de tallarines
500 g de setas
queso de Parma

1 diente de ajo
perejil

Se hierven los tallarines en abundante agua con sal dejándolos *al dente*.

Limpiar las setas (las que se prefieran) y sofreírlas en una sartén con aceite, ajo y perejil picados. Cuando están cocidas se revuelven con los tallarines. Debe estar muy caliente. Acompañar con queso de Parma rallado.

ARROCES

Para la paella y para todos los arroces que llevan sofrito se emplea el arroz tradicional, de grano medio.

Para el arroz blanco es mejor el de grano largo. Hervirlo en abundante agua con sal, escurrirlo y pasarlo por agua fría. Se deja escurrir mucho rato. Se puede calentar en la sartén con un poco de aceite (y ajos sin pelar, según para lo que se emplee). También se puede calentar en el microondas con un poco de mantequilla o aceite.

A unas sobras de arroz milanesa o de verduras, se les puede poner por encima salsa bechamel y gratinar.

Unos restos de arroz blanco se pueden aprovechar para hacer una ensalada.

ARROZ CON ALMEJAS - 1

500 g de almejas	1 cebolla
1 diente de ajo	300 g de tomates
vino blanco	perejil
pimentón	laurel
300 g de arroz	

Picar la cebolla muy fina y ponerla a dorar en una cazuela con un poco de aceite. Cuando empieza a tener color añadir el ajo picado, una hoja de laurel, una cucharadita de pimentón y una ramita de perejil.

Darle unas vueltas y añadir los tomates pelados y rallados. Sofreírlo diez minutos, añadir un chorrito de vino y las almejas, taparlo y dejarlo en el fuego hasta que se abran las almejas. Entonces se les quita una valva a las almejas y se vuelven a poner en la cazuela, se añade el arroz y se rehoga dos o tres minutos; se agrega el agua hirviendo, sal y pimienta y se deja cocer destapado doce minutos más o menos. Debe quedar caldoso. Se debe poner el doble de agua que de arroz y luego ir añadiendo si hace falta.

ARROZ CON ALMEJAS - 2

300 g de arroz	500 g de almejas
4 dientes de ajo	perejil

Picar los ajos pequeñitos y freírlos con abundante perejil picado. Agregar el arroz y sofreír. Añadir las almejas y el doble de agua que de arroz. Servir en cuanto esté cocido.

ARROZ CANTONÉS

300 g de arroz
3 salchichas de frankfurt
100 g de pasas de Corinto
50 g de mantequilla

una cebolla
100 g de beicon
salsa de soja

Con la mantequilla y un poco de aceite se sofríe el beicon cortado en dados pequeños. Se reserva en un plato y en la misma grasa se rehoga la cebolla picada sin que llegue a dorarse.

Se añade el arroz hervido y escurrido, las salchichas cortadas en trocitos, el beicon y las pasas, que se habrán tenido en remojo media hora. Se deja rehogar un poco todo junto y se añade la salsa de soja al gusto.

ARROZ A LA CUBANA

400 g de arroz
4 plátanos
salsa de tomate

6 huevos
2 dientes de ajo

Hervir el arroz y escurrirlo.

Cortar los plátanos por la mitad a lo largo y freírlos lentamente en una sartén con un poco de aceite.

En una sartén grande se fríen los ajos en cuatro cucharadas de aceite más o menos. Cuando están bien dorados, sin quemarse, se sacan y en el mismo aceite se sofríe el arroz. Poner en un molde corona y luego en una fuente. Los plátanos se colocan encima del arroz; la salsa, muy caliente, en el agujero del centro; y los huevos, fritos, alrededor.

ARROZ CORONA FRÍO

300 g de arroz
1 lata de atún
1 pimiento rojo crudo
2 tomates verdes
50 g de aceitunas negras
50 g de aceitunas verdes

salsa mayonesa
6 anchoas
1 lechuga
1 cebolla
ketchup

Hervir el arroz, escurrirlo muy bien y ponerlo en un molde en forma de corona. Pasarlo a una fuente.

Cortar los demás ingredientes en trozos pequeños y aliñarlos con aceite, vinagre y sal (tres partes de aceite por una de vinagre).

Colocar esta ensalada en el agujero del centro y cubrir el arroz con una mezcla de salsa mayonesa y ketchup.

ARROZ CON CURRY Y LOMO

Se hierve el arroz. Después de pasarlo por agua fría, se escurre y se pone en una sartén con mantequilla y una cucharada de curry. Se mezcla bien y se le añaden pedacitos de lomo frito.

ARROZ CON CURRY Y PUERROS

1 manojo de puerros	300 g de arroz largo
50 g de mantequilla	curry
1 pastilla de caldo	

En una cazuela poner la mantequilla y dos cucharadas de aceite a calentar. La parte blanca de los puerros se corta en rodajas finas y se estofan, tapados, hasta que estén blandos sin llegar a dorarse.

Se añaden dos cucharadas de curry, se dan unas vueltas y se agrega el arroz. Cuando está un poco rehogado se echa el agua caliente (el doble que de arroz) con la pastilla de caldo disuelta y se deja cocer, destapado, hasta que el arroz esté en su punto.

ARROZ CON CHAMPIÑONES Y QUESO

300 g de arroz largo	1 cebolla
300 g de champiñones frescos	4 tomates
queso de Parma	1 pastilla de caldo
1 cucharada de jerez	

Picar la cebolla muy fina y sofreírla en el aceite. Añadir los tomates rallados o cuatro cucharadas de salsa de tomate espesa, los champiñones cortados en láminas finas y el jerez.

A los diez minutos, añadir el arroz, darle unas vueltas y echar el agua caliente con una pastilla de caldo concentrado. Dejar hervir de diez a quince minutos. Debe quedar caldoso y *al dente*. La medida de agua es el doble que la de arroz, pero si hace falta se añade.

En el momento de llevarlo a la mesa cubrir con queso rallado y servir con queso aparte para que se lo ralle cada uno.

ARROZ CHINO

300 g de arroz	2 huevos
4 salchichas de frankfurt	50 g de mantequilla
1 puerro	

Poner la mantequilla en una cazuela y saltear el puerro picado muy pequeño, sin que llegue a dorarse. Añadir el arroz, hervido y escurrido de antemano, y dar unas vueltas.

Se hace una tortilla plana con los dos huevos, se corta en trocitos y se añade al arroz. Las salchichas se cortan en rodajas y se añaden también al arroz. Rehogar todo un poco y servir.

ARROZ EN ENSALADA - 1

300 g de arroz
3 tomates verdes
1 lata de atún

1 lechuga
salsa mayonesa

Hervir el arroz y escurrirlo. Añadirle el resto de ingredientes cortados en pequeños trozos y revolverlo con la mayonesa y un poco de vinagreta. Ponerlo en una ensaladera en la nevera para servirlo frío.

Puede añadirse también maíz, aceitunas, cebolla picada, pimiento...

ARROZ EN ENSALADA - 2

300 g de arroz
150 g de judías verdes
300 g de gambitas pequeñas

200 g de guisantes
2 zanahorias
2 tomates verdes

Hervir el arroz y escurrir. Picar las judías y las zanahorias en trozos pequeños y hervir por separado. Hervir también los guisantes. Escurrir y añadir al arroz. Los tomates se cortan pequeñitos y también se agregan al arroz.

Las gambas se hierven con poca agua, que se reserva, y se cortan a trocitos, y se añaden a lo demás. Meter un rato en la nevera y en el último momento aliñar con aceite, vinagre, sal y pimienta. Si queda muy seco se le añade un poco del agua en que han cocido las gambas.

ARROZ A LA GENOVESA

300 g de arroz
200 g de champiñones
3 cucharadas de aceite
2 cucharones de caldo
100 g de queso rallado

200 g de salchichas
3 alcachofas
200 g de guisantes
mantequilla
1/2 cebolla

Rehogar en el aceite la cebolla picada. Añadir las salchichas y sofreír. Agregar los guisantes, las alcachofas cortadas en rodajas y los champiñones en láminas. Sofreír un poco.

Añadir sal, pimienta y el caldo. Cocer a fuego lento.

Hervir el arroz en agua con sal unos diez minutos. Escurrirlo y pasarlo a la otra cazuela. Mezclarlo bien y añadir el queso rallado.

Colocarlo en una fuente untada con mantequilla, y meterlo en el horno caliente unos diez minutos.

ARROZ CON HUEVOS REVUELTOS

300 g de arroz
50 g de queso rallado
6 cucharadas de leche

50 g de mantequilla
6 huevos
pimienta, sal

Hervir el arroz, escurrirlo y calentarlo en una sartén con un poco de aceite o mantequilla. Ponerlo en un molde corona untado con aceite y pasarlo a una fuente. En el centro del agujero se ponen los huevos revueltos con queso.

ARROZ MILANESA

300 g de arroz
100 g de queso rallado
1 pastilla de caldo
50 g de mantequilla
100 g de jamón
1 diente de ajo

200 g de guisantes
1 cebolla
300 g de tomates
azafrán
laurel
perejil

Poner la mantequilla y el aceite en una cazuela y freír el jamón cortado en trocitos. Retirarlo cuando ya esté y poner la cebolla picada fina. Cuando está dorada añadir los tomates rallados, el ajo picado, una hoja de laurel, una ramita de perejil, sal y pimienta y dejarlo sofreír diez minutos. Añadir el arroz, rehogar dos minutos, echarle el agua hirviendo, la pastilla de caldo, los guisantes hervidos, el azafrán tostado, la mitad del queso y el jamón. Dejarlo cocer un cuarto de hora destapado.

Se sirve en una fuente con el resto de queso aparte.

ARROZ MILANESA CALDOSO

300 g de arroz
1 hueso de ternera
100 g de queso de Parma
1 pastilla de caldo

50 g de mantequilla
1 cebolla
azafrán

Rehogar la cebolla cortada muy fina con la mantequilla, sin que se dore; añadir tres cuartos de litro de agua y el hueso de ternera y dejar cocer, tapado, un cuarto de hora.

Añadir otros tres cuartos de litro de agua, el arroz y la pastilla de caldo concentrado. Agregar bastante azafrán, tostado y machacado, y dejar cocer un cuarto de hora añadiendo agua si hace falta.

Tiene que quedar muy caldoso y de color amarillo fuerte.

En el último momento sacar el hueso, sazonar con sal y pimienta y añadir la mitad del queso, rallado. Servir con el resto de queso aparte. Rallar en la mesa.

ARROZ PEDRO
(6 personas)

500 g de arroz
24 mejillones
12 almejas
4 tomates
1 pimiento rojo
1 clavo

500 g de langostinos
400 g de calamares
1 cebolla
salsa Perrins
2 dientes de ajo

La cebolla, muy picada, se pone a dorar con aceite. Añadir los calamares cortados en rodajas y cuando está todo muy dorado añadir los langostinos, almejas y mejillones bien lavados. Se les da unas vueltas y se añaden los tomates rallados, los ajos picados, el clavo, el pimiento en trozos (asado o de lata) y pimienta.

Cuando se abren los mejillones y almejas se retiran. Los langostinos al cabo de cinco minutos también se sacan. Sofreír el resto diez minutos más.

Pelar los langostinos y quitar una valva de los mejillones y almejas. Volverlo a poner todo en la cazuela, añadir el arroz, rehogar tres minutos y añadir el agua hirviendo (el doble de agua o un poco más) con una cucharada de salsa Perrins. Dejar hervir, destapado, quince minutos.

Debe quedar caldoso.

ARROZ DE PESCADO

200 g de calamar
200 g de rape
6 langostinos o cigalas
2 cucharadas de puré de tomate
1 diente de ajo
2 pimientos rojos en lata
300 g de arroz

200 g de congrio
12 mejillones
1 cebolla
200 g de guisantes
azafrán
pimentón

El congrio se pone a hervir diez minutos con el agua, que debe medirse para que haya el doble que de arroz. El resto se hace como la paella, pero se puede hacer en cazuela y servir en una fuente.

ARROZ DE PESCADO EN CORONA

250 g de cigalas
250 g de sepia
1 vasito de vino blanco
1 hoja de laurel
50 g de mantequilla
300 g de arroz

150 g de gambas
1 cebolla
1 zanahoria
3 clavos
2 cucharadas de harina

Poner a hervir en tres cuartos de litro de agua la cebolla, zanahoria, laurel, clavos, vino y sal durante media hora.

Echarle la sepia. Cuando está casi cocida añadir las gambas y las cigalas y dejar que hiervan solamente seis o siete minutos. Se cuela todo reservando el caldo. Las cigalas y las gambas se pelan.

Hervir el arroz con mucha agua y un poco de sal. Escurrir, pasar por abundante agua fría y dejar en un colador para que vaya secándose.

Con la mantequilla, harina y medio litro de caldo del pescado se hace una bechamel clarita que se deja hervir diez minutos.

Calentar el arroz con un poco de aceite en una sartén y después colocarlo en una fuente formando una corona. En el centro se pone el pescado, reservando algo para adornar, se vierte un poco de salsa encima del pescado y el resto se sirve en salsera.

A la salsa se le puede añadir, fuera del fuego, una yema de huevo o unas cucharadas de crema de leche.

ARROZ PINEDA

300 g de arroz largo	hierbas para caldo
salsa mayonesa	laurel
salsa de tomate	

Cortar las hierbas y hervirlas en un litro y medio de agua con sal, una hoja de laurel y dos cucharadas de aceite de oliva durante media hora.

Se cuela, y en el caldo resultante se hierve el arroz.

Cuando está cocido se escurre y se coloca en un molde redondo, engrasado con aceite. Volcar en una fuente y cubrir la mitad con salsa de tomate caliente. La otra mitad con salsa mayonesa.

Alrededor se pueden poner huevos duros cortados en rodajas.

ARROZ CON PIMIENTOS

300 g de arroz	1 cebolla
2 pimientos verdes grandes	4 tomates

Sofreír en aceite los pimientos cortados en trozos y la cebolla picada. Cuando empieza a dorarse la cebolla se añaden los tomates rallados, la pimienta y la sal. Se deja freír unos diez minutos y se añade el arroz. Se le da unas vueltas y se agrega el agua caliente dejándolo cocer un cuarto de hora más o menos. Debe quedar seco, como una paella.

ARROZ CON RAPE

300 g de arroz
1 pimiento morrón
200 g de guisantes
1 cebolla
1 diente de ajo
pimentón

250 g de rape
12 mejillones
2 alcachofas
250 g de tomates
azafrán
perejil

Con un poco de aceite rehogar la cebolla picada. Cuando está dorada se añade el tomate rallado y el rape cortado en trozos grandes sin piel ni espinas. Sofreír diez minutos y añadir una cucharadita de pimentón y el arroz. Se les da unas vueltas y se agrega el agua hirviendo (el doble que de arroz), los guisantes y las alcachofas hervidos de antemano, el pimiento en trozos y una picada hecha con el azafrán tostado, el ajo, perejil y sal.

Dejar cocer un cuarto de hora y poner en una fuente adornándolo con los mejillones abiertos al vapor y con una sola valva.

ARROZ CON RAPE Y GAMBAS NEWBURG

300 g de arroz
12 mejillones
4 cucharadas de salsa de tomate
1 copa de coñac
50 g de mantequilla
tomillo

200 g de gambas
300 g de rape
1 cebolla
1 copa de jerez
1 zanahoria
laurel

Cortar el rape en trozos y sofreírlo con la mantequilla y un poco de aceite. Sacar el rape y poner las gambas, una hoja de laurel, una ramita de tomillo, la zanahoria y la cebolla en trozos y dejarlo sofreír hasta que la cebolla esté algo dorada. Añadir el jerez y el coñac encendido. Cuando se apague, taparlo y dejar cocer cinco minutos.

Sacar las gambas, pelarlas y volver a poner los caparazones y cabezas con el sofrito; añadir la salsa de tomate y se deja cocer muy despacio quince minutos.

Pasarlo por el chino ayudándose con un poco de agua para aprovecharlo todo y ponerlo en el fuego para que espese ligeramente si hace falta. En el último momento añadirle un poco de mantequilla.

El arroz se hierve, se escurre y se pone en un molde corona untado con aceite. Se coloca en una fuente y en el centro de la corona se pone el pescado con un poco de salsa. El resto de salsa se sirve en salsera.

Se adorna con los mejillones abiertos al vapor y con una sola valva. Debe estar todo muy caliente.

ARROZ CON RAPE Y MAYONESA

300 g de arroz largo
1 patata
salsa mayonesa
cebollino

300 g de rape
1 cebolla
laurel
1 tomate verde

En una olla se pone un litro y medio de agua con la patata y la cebolla peladas, un chorrito de aceite, una hoja de laurel y sal. Se deja hervir veinte minutos; se añade el rape y se deja hervir ocho minutos más.

Pasado este tiempo colar el caldo y cortar el rape en trocitos. En el caldo se hierve el arroz un cuarto de hora. Se escurre y se pone en una fuente, con salsa mayonesa clarita por encima espolvoreada con cebollino picado. El rape se coloca en el centro con corteza de limón rallada por encima.

Tomar templado o frío.

También se puede adornar con gambas pequeñas.

ARROZ REGENCIA

300 g de arroz
1 pechuga de gallina
75 g de mantequilla
1 cucharada de harina
1 copita de vino o jerez

1/2 cebolla
200 g de champiñones
1 trufa
1 yema de huevo
1 vaso de caldo

Hervir el arroz, escurrir y pasar por la sartén con 50 g de mantequilla. Poner en un molde corona y luego en una fuente redonda.

En una sartén tapada freír la pechuga con un poco de aceite y la cebolla cortada en rodajas finas. Cuando está cocida la pechuga, se retira y se ponen en la sartén, con la cebolla, 25 g de mantequilla y la cucharada de harina. Se dan unas cuantas vueltas, para que se dore la harina, y se añade el vaso de caldo dejándolo hervir diez minutos sin parar de remover hasta que espese. Añadir la copita de vino blanco o jerez y cocer cinco minutos más.

Pasar por el chino a una cazuela y añadir la pechuga cortada en trocitos, la trufa picada y los champiñones lavados y cortados en láminas finas. Dejar cocer, removiendo, cinco minutos. En el momento de servir añadir una yema de huevo desleída en un poco de leche, y echar en el centro de la corona de arroz.

ARROZ SHANGAI

300 g de arroz
100 g de pasas de Corinto
50 g de mantequilla

100 g de chorizo
2 huevos
100 g de lomo

Hervir y escurrir el arroz. Freír el lomo y cortarlo en trocitos pequeños. Hacer una tortilla plana con los huevos y cortarla en trocitos.

Las pasas se ponen en remojo una media hora.

Se sofríe el arroz con la mantequilla y el chorizo, también cortado en trocitos pequeños, y se va añadiendo lo demás. Cuando está muy caliente se sirve.

ARROZ DE VERDURAS

300 g de arroz	500 g de guisantes
200 g de judías verdes	4 alcachofas
200 g de zanahorias	200 g de cebollitas
salsa mayonesa	salsa de tomate

Las judías y zanahorias se cortan en trozos pequeños y las alcachofas en cuatro trozos quitando muy bien las hojas duras.

Hervir todas las verduras por separado con mucha agua y un poco de sal.

El arroz se hierve, se escurre y se pasa por agua fría dejándolo escurrir otra vez mucho rato. Luego se calienta en una sartén con un poco de aceite y se pone en un molde corona para darle forma.

Volcar en una fuente redonda y poner alrededor las verduras calientes en montoncitos y por separado. Los guisantes se ponen en el centro de la corona. Encima del arroz se ponen bandas de mayonesa y de salsa de tomate.

Servir aparte más salsa.

PAELLA VALENCIANA

300 g de arroz	azafrán
4 langostinos o gambas	200 g de calamares
100 g de salchichas	100 g de lomo
200 g de tomates	6 mejillones
1 alcachofa	100 g de guisantes
1 pimiento morrón	1 cebolla
perejil	pimentón

En una paella poner aceite y freír los langostinos o las gambas. Retirarlos, y en el mismo aceite freír el lomo cortado en tiras y las salchichas. Se sacan y se fríe el calamar limpio y cortado en rodajas finas. Al cabo de cinco minutos echar la cebolla picada y cuando está bien dorada retirar el calamar y añadir los tomates pelados y picados junto con un poco de pimentón. Sofreír diez minutos y añadir los guisantes hervidos, el arroz, el calamar y las carnes. Revolver unas cuantas vueltas y añadir el agua hirviendo (el doble que de arroz), la sal y la alcachofa previamente cortada en trozos y un poco frita para que no quede negro el arroz. También se añade una picada de azafrán tostado y un diente de ajo.

Se deja cocer unos dieciocho minutos y cuando falta poco se adorna con el pimiento cortado en tiras, los langostinos y los mejillones con una sola valva que se habrán abierto antes al vapor (el agua que sueltan se puede añadir al arroz).

Meter cinco minutos en el horno para que acabe de secarse.

Dejar reposar otros cinco minutos, tapado con un trapo y servir en la misma paella.

PAELLA DE VERDURAS

300 g de arroz	pimentón
1 pimiento verde	2 puerros
4 alcachofas	2 zanahorias
salsa de tomate	1/2 cebolla
caldo	500 g de guisantes

Con un poco de aceite rehogar en una sartén los puerros en rodajas, la cebolla, las zanahorias y el pimiento en trocitos. Cuando se dore un poco, añadir seis cucharadas de salsa de tomate, sal y pimienta y continuar sofriendo diez minutos más.

Las alcachofas se cortan en ocho trozos dejando sólo lo más tierno y se fríen un poco. Los guisantes se hierven. Añadir las dos cosas al sofrito junto con una cucharada de pimentón y el arroz. Revolver.

Trasladar a la paella donde se echa también el caldo hirviendo (el doble de caldo que de arroz) y se deja cocer un cuarto de hora. Dejar reposar tapado cinco minutos.

Servirlo con queso rallado aparte.

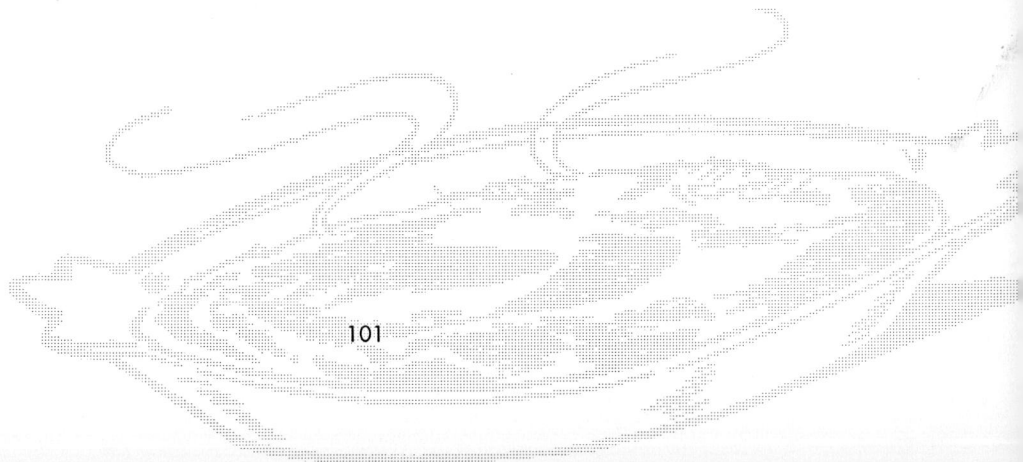

HUEVOS

HUEVOS PASADOS POR AGUA

Se echan en agua hirviendo vivamente, con la ayuda de una cuchara. Se dejan cocer tres minutos y se sacan.

HUEVOS BLANDOS O «MOLLETS»

Con la ayuda de una cuchara, echar los huevos en agua hirviendo. Dejar hervir cinco o seis minutos según el tamaño del huevo y pasarlos a un recipiente con agua fría. Dejarlos ocho minutos y sacarlos.

Para pelarlos, poner el huevo en el hueco de la mano y con la parte plana de la hoja de un cuchillo grande, golpear suavemente toda la cáscara hasta que quede cuarteada como un mosaico. Con mucho cuidado quitar un trocito de cáscara y poco a poco el resto.

Para calentarlos se sumergen un momento en agua caliente o en la salsa que los acompaña.

HUEVOS CON ESPINACAS

6 huevos
salsa bechamel
queso rallado

1 kg de espinacas
mantequilla

Hacer los huevos blandos o *mollets*.

Se hierven las espinacas y se hace un puré o se sofríen un poco en una sartén. Extenderlas en una fuente de horno alisando la superficie y con una cuchara hacer seis huecos. Se coloca un huevo en cada hueco. Cubrir los huevos con salsa bechamel, dejando que se vean las espinacas. Espolvorear con queso rallado y mantequilla y meter en el horno a gratinar.

En la fuente se tiene que poner todo muy caliente para que esté poco rato en el horno. No tienen que endurecerse los huevos.

HUEVOS AL NIDO

6 huevos
2 cucharadas de salsa de tomate
100 g de mantequilla
1 copita de jerez
50 g de jamón
1 cucharada de harina

500 g de patatas
2 trufas
2 vasos de leche
nuez moscada
2 yemas de huevo

El jamón se corta en trocitos y se pone a dorar con 30 g de mantequilla. Se añade una trufa cortada en láminas, el jerez y la salsa de tomate, dejando que dé unos hervores.

Las patatas se pelan, se hierven con agua y sal y se pasan por el pasapurés. Se vuelven a poner en el fuego y se les añade medio vaso de leche y 30 g de mantequilla. Se bate bien y se añade una yema de huevo. Tiene que quedar espeso.

Con el puré de patata se cubre el fondo de una fuente redonda y se hace una pared alrededor. Se pone en el fondo del «nido» la mezcla de jamón y tomate y encima los huevos blandos o *mollets*.

Con la leche restante, la harina y 40 g de mantequilla hacer una bechamel clarita a la que se añade sal, pimienta y nuez moscada. Fuera del fuego agregar una yema y una trufa picada y poner en la fuente cubriendo los huevos. Debe estar todo muy caliente.

Se puede meter unos minutos en el horno para que se gratine pero vigilando que los huevos no se pongan duros.

Se puede hacer con huevos escalfados. Son más fáciles.

HUEVOS DUROS

Se hacen igual que los huevos pasados por agua pero se dejan hervir diez minutos y se sumergen en agua fría. Si hierven demasiado rato la capa exterior de la yema se pone verde.

HUEVOS RELLENOS DE ATÚN

6 huevos duros	1 lata de atún
1 lata pequeña de pimiento	salsa mayonesa

Se cuecen los huevos y se cortan por la mitad a lo ancho.

Se saca la yema y se corta un redondelito de la clara para que queden derechos.

Se hace una mayonesa espesa y se mezcla con el atún desmenuzado y dos yemas de los huevos cocidos. Con esta pasta se rellenan los huevos.

El resto de las yemas se pasa por un tamiz y se echa por encima de los huevos.

Se adornan con tiritas de pimiento rojo.

También se pueden rellenar con rape hervido y gambas y adornar con perejil en vez de pimiento.

HUEVOS RELLENOS FRITOS

6 huevos duros
100 g de jamón en dulce
1 cucharadita de harina
1 copita de vino blanco

leche
nuez moscada
1/2 cebolla

Pelar los huevos duros y cortarlos en dos a lo largo. Se sacan las yemas y se les mezcla el jamón dulce picado muy fino, nuez moscada y un poco de leche para que quede una pasta homogénea.

Rellenar los huevos, rebozarlos con harina y huevo batido y freírlos.

Con un poco de aceite se rehoga la cebolla picada. Cuando está dorada, añadir la cucharadita de harina, tostar un poco y añadir el vino, dejándolo hervir cinco minutos. Se pasa por el chino y se echa sobre los huevos en una cazuela, dejándolo cocer diez minutos.

También se pueden tomar sin salsa, fritos en el último momento. O fríos, sin rebozar y con mayonesa.

HUEVOS RELLENOS CON SALSA

6 huevos duros
100 g de jamón en dulce
1/2 zanahoria
queso rallado

1/2 l de salsa bechamel
1/2 puerro
mantequilla
crema de leche

Cortar los huevos duros por la mitad a lo largo. Sacar las yemas y picarlas con el jamón añadiendo chorritos de crema de leche hasta que quede bien unida la mezcla.

Rellenar las claras y colocarlas en una fuente de hornear.

La zanahoria y el puerro (también se puede poner un poco de pimiento verde) picados muy finos, se rehogan en la mantequilla, tapados para que no se doren. Cuando está cocido se añade a la salsa bechamel y se cubren los huevos.

Espolvorear con queso rallado y mantequilla y meter en el horno fuerte diez minutos y luego gratinar.

HUEVOS AL CURRY

Cocer los huevos y cortarlos por la mitad a lo largo.

Se hace una salsa curry *(véase p. 119)* y se ponen en ella para que den unos hervores.

En una fuente, poner una corona de arroz blanco y en el centro los huevos con un poco de salsa. El resto de la salsa se sirve aparte.

HUEVOS PROVENZAL

6 huevos duros
4 cucharadas de salsa de tomate
ajo

aceite de oliva
perejil

Pelar los huevos y cortarlos por la mitad a lo largo. Colocarlos en una cazuela de barro y cubrirlos con una picada de ajo, perejil, sal y pimienta. Rociarlos con un poco de aceite de oliva y la salsa de tomate disuelta en un vaso de agua. Dejarlos cocer tapados unos diez minutos. Se tiene que ir moviendo la cazuela para que no se peguen.

Servir muy caliente en la misma cazuela.

HUEVOS EN CROQUETA

Hervir los huevos y cortarlos en cuatro trozos a lo largo.

Hacer una salsa bechamel espesa, sazonándola con pimienta, sal y nuez moscada. Cuando está casi fría envolver cada trozo de huevo en un poco de salsa, rebozarlos en huevo batido y pan rallado y freírlos en abundante aceite muy caliente.

HUEVOS EN CROQUETA CON QUESO

7 huevos
100 g de queso rallado

1/2 l de salsa bechamel
pan rallado

Cortar cuatro huevos duros en pequeños dados.

Hacer una salsa bechamel espesa sazonada con pimienta, sal y nuez moscada. Añadir los trozos de huevo, queso rallado y dos yemas de huevo crudas. Tambien se puede añadir jamón en dulce picado.

Cuando esta pasta se enfría, se les da la forma a las croquetas.

Se rebozan con huevo batido y pan rallado y se fríen en abundante aceite muy caliente.

HUEVOS A LA TRIPA

6 huevos
200 g de cebolla
30 g de harina
nuez moscada

50 g de mantequilla
1/2 l de leche
perejil

Se pone la mantequilla en una cazuela antiadherente junto con las cebollas cortadas en láminas delgadísimas. Cuando están transparentes, se añade la harina, se revuelve cinco minutos y se agrega la leche hervida, caliente, poco a poco. Sazonar con sal, pimienta y nuez moscada. Añadir una ramita de perejil y dejarlo hervir a fuego lento quince minutos sin tapar. Añadir los huevos, cocidos de antemano y cortados en discos gruesos; sacar el perejil y cocer tres minutos más.

Servir enseguida, en una fuente caliente.

Huevos escalfados o «pochés»

Se pone un cazo al fuego con agua y un chorro de vinagre. Se casca un huevo en un plato o taza y se echa al agua cuando está a punto de hervir. Con una cuchara se va poniendo la clara alrededor de la yema. Cuando la clara está cuajada se saca con una espumadera, y se pone encima de un trapo limpio. Así se van haciendo todos los huevos, de uno en uno, añadiendo agua y vinagre a medida que se consume. El agua nunca debe hervir fuerte. Cortar

HUEVOS CON BEICON

6 huevos
6 lonjas de beicon
pimienta

6 tomates
patatas fritas

Cortar los tomates por la mitad, salpimentar y asarlos en el horno o freírlos.
Escalfar los huevos y ponerlos sobre los tomates.
Freír el beicon y ponerlo sobre los huevos o alrededor.
Acompañar con patatas fritas o champiñones.

HUEVOS CON GAMBAS

200 g de gambas
100 g de rape
1 copita de coñac
1 copita de jerez
1 taza de salsa bechamel

6 huevos *pochés*
1/2 cebolla
3 tomates
pan
perejil, sal

Freír el rape y luego las gambas. En el mismo aceite se dora la cebolla picada. Se añaden los tomates y el perejil, dejándolo cocer diez minutos.

Las cabezas de las gambas se machacan en el mortero, se les añade un poco de agua y se echan al sofrito con el jerez y el coñac. Dejarlo cocer diez minutos más y pasarlo por el chino apretando mucho.

Hacer una salsa bechamel y mezclar con la otra salsa con cuidado para que no se formen grumos. Añadir el rape cortado en trocitos.

Freír seis rebanadas de pan finas y encima de cada una poner un huevo *poché*.

En el momento de servir se echa la salsa muy caliente por encima y se adorna con las colas de gambas peladas.

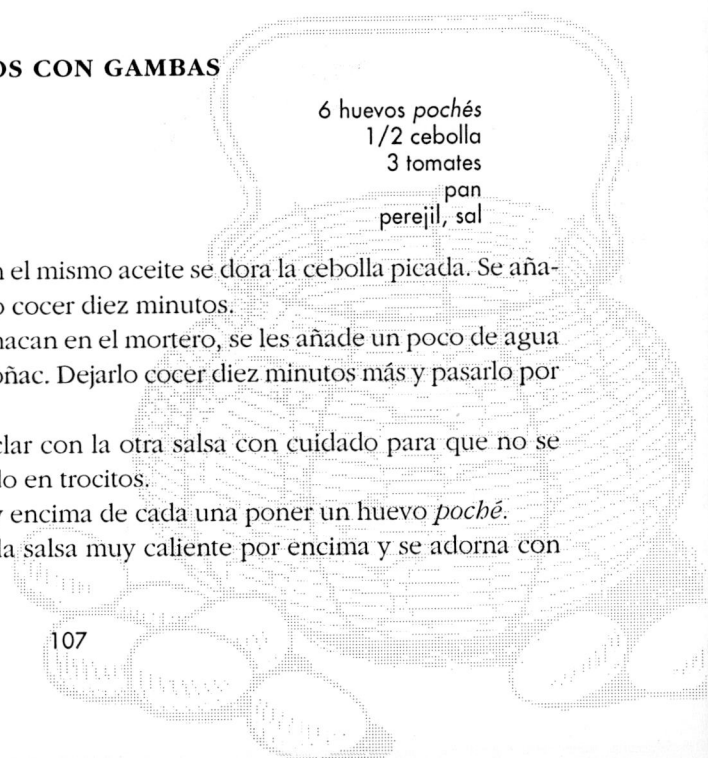

HUEVOS ROSAS

6 huevos *pochés*
salsa mayonesa
salsa de tomate

1 limón
pan
patatas paja

Cortar seis rebanadas de pan finas y freírlas. Encima de cada una se pone un huevo *poché* y se cubre con salsa mayonesa mezclada con un poco de salsa de tomate. Alrededor poner patatas paja.

Se adorna con limón y se acompaña con lechuga.

HUEVOS MACAYA

6 huevos *pochés*
6 rodajas de tomate
6 rebanadas de pan

100 g de jamón en dulce
salsa mayonesa

Poner en una fuente las rebanadas de pan cortado fino, sin corteza y un poco tostado. Encima se pone una rodaja de tomate y encima de éste un huevo *poché*. Cubrir todo con salsa mayonesa y adornar con tiras anchas de jamón en dulce.

También se puede poner entre el tomate y el huevo, una rodaja de mozzarela; entonces se suprime el jamón.

HUEVOS CON BECHAMEL

6 huevos *pochés*
60 g de mantequilla
100 g de queso Gruyère

nuez moscada
1/2 l de leche
2 cucharadas de harina

Con la mantequilla, harina y leche se hace una bechamel.

Los huevos se hacen *pochés* y se ponen en una fuente o en platos de horno individuales. El fondo se habrá untado con un poco de mantequilla.

Encima de los huevos poner el queso cortado en láminas muy finas y cubrir con la bechamel muy caliente, a la que se puede incorporar en el último momento una o dos yemas de huevo. Espolvorear con queso rallado y unas bolitas de mantequilla y meter en el horno a gratinar.

HUEVOS PRIMAVERA

7 huevos
100 g de jamón en dulce
2 cucharadas de harina
6 rebanadas de pan

500 g de guisantes
1/2 l de leche
100 g de paté
50 g de mantequilla

Hacer seis huevos *pochés*. Se fríen las rebanadas de pan sólo por un lado y se ponen en una fuente. La parte que no está frita se unta con paté y encima se pone un huevo.

Hacer una bechamel con la mantequilla, harina y leche. Sazonarla con sal, pimienta y nuez moscada y fuera del fuego añadir una yema de huevo.

Cubrir los huevos con la salsa bien caliente. Adornar con los guisantes hervidos y montoncitos de jamón picado.

HUEVOS MORNAY

6 huevos *pochés*
6 rebanadas de pan
150 g de queso rallado Gruyère
100 g de jamón en dulce

salsa bechamel
extracto de carne
mantequilla

Freír el pan y untarlo con extracto de carne. Encima se pone una lonja de jamón y un huevo escalfado.

Hacer una salsa bechamel clarita, añadir el queso rallado y cubrir los huevos. Se espolvorean con un poco de queso y mantequilla y se meten al horno a gratinar.

HUEVOS CON SALSA HOLANDESA

6 huevos *pochés*
salsa holandesa

500 g de guisantes
2 alcachofas

Los huevos *pochés* se ponen encima de rebanadas de pan de molde a las que se han cortado las esquinas. Se colocan en una fuente formando círculo y en el centro se ponen los guisantes hervidos.

Hervir las alcachofas dejando sólo la parte tierna. Cortar en cuatro e intercalar con los guisantes.

Cubrir los huevos con la salsa holandesa.

HUEVOS FRITOS

Se pone una sartén pequeña con mucho aceite. Se rompe un huevo en un plato o taza y cuando el aceite está muy caliente, se echa con cuidado. Con una cuchara se va acercando la clara a la yema. Cuando la clara está blanca del todo, se saca el huevo con una espumadera. Se espolvorea con sal.

Así se van haciendo de uno en uno, procurando que las yemas no queden duras.

HUEVOS FRITOS CON BECHAMEL

5 huevos
salsa bechamel

pan rallado

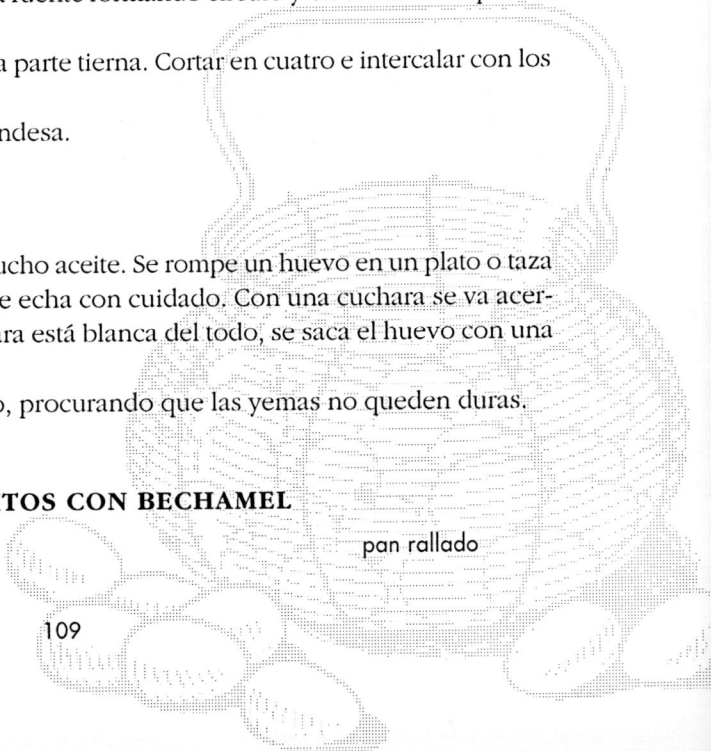

Freír cuatro huevos en abundante aceite.

Hacer una bechamel espesa como para croquetas y dejarla al lado del fuego para que no se enfríe. Con una espumadera, se van metiendo los huevos de uno en uno dentro de la salsa con mucho cuidado, se sacan y se ponen a enfriar en un plato que habremos untado con aceite.

Cuando están completamente fríos, dos horas como mínimo, se rebozan con huevo y pan rallado y se fríen en abundante aceite muy caliente.

Acompañar con patatas paja y ensalada.

HUEVOS AL PLATO

Se hacen en cazuelitas individuales engrasadas con mantequilla o aceite; se cascan los huevos encima y se meten en el horno hasta que se cuaje la clara. La yema no debe endurecerse.

También pueden hacerse encima del fuego, en cazuela de barro. Se pone un difusor entre el fuego, muy lento, y la cazuela.

HUEVOS AL PLATO CON QUESO

4 huevos
4 cucharadas de crema de leche
150 g de queso rallado

mantequilla
orégano

Se pueden hacer en platitos individuales o en una fuente resistente al fuego.

Poner a derretir la mantequilla, añadir el queso y la crema de leche e ir mezclando con una cuchara de madera. Cuando se transforma en crema, se rompen los huevos encima, procurando que queden enteros y se van cociendo a fuego lento. Pasar delicadamente un tenedor por la clara para que se cuaje bien. Añadir un poco de sal, pimienta y orégano y servir en la misma cazuela o en platitos.

HUEVOS A LA INGLESA

4 huevos

mantequilla

Batir las claras de los huevos a punto de nieve con un poco de sal y repartirlas en cuatro cazuelitas que puedan ir al horno untadas con mantequilla.

Con una cuchara de madera hacer en el centro de la clara un agujero y poner la yema. Espolvorear las claras con pimienta blanca y meter las cazuelitas en el horno unos diez minutos procurando que no se ponga dura la yema.

HUEVOS A LA FLAMENCA

6 huevos
200 g de guisantes
6 cucharadas de salsa de tomate
1 pimiento asado

50 g de jamón
3 patatas
1 cebolla

Picar la cebolla y sofreírla con un poco de aceite en una cazuela de barro. Añadir el jamón cortado en cuadraditos, el pimiento en trozos, la salsa de tomate, los guisantes hervidos y las patatas cortadas en dados y fritas de antemano. Se deja sofreír todo junto diez minutos con el fuego muy bajo. (Si hace falta se añade un poco de caldo.) Poner los huevos encima y dejar cocer hasta que las claras estén cuajadas.

Se puede dejar preparado y en el último momento poner los huevos.

Si no se tiene pimiento asado, se pone un pimiento verde cortado en trozos y sofrito con la cebolla.

HUEVOS A LA LIONESA

4 huevos
4 cebollas

50 g de mantequilla
perejil

La mantequilla se pone en una sartén con las cebollas cortadas en rodajas muy finas. Se sofríe a fuego muy lento hasta que la cebolla está muy blanda y empieza a dorarse. Sazonar con sal y pimienta y poner los huevos encima.

Poner a cocer en el horno procurando que no se cuajen las yemas.

Servirlos muy calientes, espolvoreados con perejil picado.

HUEVOS REVUELTOS

La mejor manera de hacerlos es al baño María. Se pone un cazo con agua hasta la mitad, y dentro de éste otro cazo más pequeño en el que se pone mantequilla a derretir. Cuando está derretida, se echan los huevos un poco batidos con sal y se van removiendo con una cuchara de madera hasta que tengan la consistencia de una crema espesa. Siempre hay que sacarlos un poco crudos porque al enfriar se espesan.

HUEVOS REVUELTOS CON ESPÁRRAGOS Y SALMÓN

6 huevos
1 manojo de espárragos verdes
100 g de salmón ahumado

6 cucharadas de crema de leche
mantequilla

Lavar los espárragos y con la mano partirlos en trocitos hasta donde estén duros. Ponerlos en una sartén con un poco de mantequilla y rehogarlos tapados sin que se doren.

Batir un poco los huevos, añadirles sal, pimienta y la crema de leche. Ponerlos al baño María con mantequilla derretida e ir removiendo con una cuchara de madera. Cuando empiecen a cuajarse añadir los espárragos y en el último momento el salmón cortado en trozos.

Servir enseguida.

HUEVOS REVUELTOS CON QUESO

6 huevos
50 g de queso rallado

6 cucharadas de leche
50 g de mantequilla

Batir los huevos con la leche, sal y pimienta. Añadir el queso y poner en un cazo al baño María con la mantequilla derretida. Se cuecen a fuego lento y removiendo sin parar hasta que estén cuajados. Deben quedar un poco crudos porque al pasarlos a la fuente se espesan.

Se pueden acompañar con tiras de pan frito o arroz blanco.

Por encima se les puede poner trufa picada.

También se pueden hacer sin queso.

HUEVOS REVUELTOS CON SOBRASADA

4 huevos
4 patatas

80 g de sobrasada
1 cebolla

Se cortan las patatas y la cebolla como para tortilla y se fríen lentamente. Cuando están doradas se añade sobrasada, se remueve y se añaden los huevos un poco batidos. Se revuelven bien y se dejan muy blandos.

HUEVOS REVUELTOS CON TOMATE
(una persona)

2 huevos
3 cucharadas de salsa de tomate

mantequilla
perejil

Batir un poco los huevos, mezclar con la salsa de tomate, sal, pimienta y un poco de perejil picado.

En un cazo se pone la mantequilla a derretir al baño María, se echa la mezcla de los huevos y se va removiendo constantemente con una cuchara de madera, hasta que el huevo se empiece a cuajar. Ha de quedar cremoso, teniendo en cuenta que al sacarlo del fuego espesa un poco más.

Servir enseguida, acompañado de triángulos de pan frito.

El tomate se puede sustituir por: champiñones, queso, sobrasada, etc. Entonces añadir por cada huevo una cucharada de leche, o crema de leche.

TOSTA HOLANDESA

Se hacen los huevos revueltos con sal y pimienta.

Se fríen o tuestan rebanadas de pan y encima se ponen cucharadas de revoltillo cubierto con lonjas de salmón ahumado.

HUEVOS MOLDEADOS

4 huevos	50 g de queso rallado
salsa de tomate	100 g de jamón
50 g de mantequilla	1/4 de l de leche

Cortar el jamón en dados y sofreír un momento en la mantequilla.

Los huevos se baten un poco, se les añade el queso, el jamón, pimienta, sal y la leche hervida. Poner en un molde previamente untado con mantequilla y meter en el horno a baño María hasta que esté cuajado.

Dejarlo enfriar un poco y desmoldarlo.

Se sirve con salsa de tomate y triángulos de pan frito o con espinacas a la crema.

HUEVOS EN «BRIOCHE»

6 bollitos de pan de *brioche*	6 huevos
2 cucharadas de salsa de tomate	50 g de jamón
50 g de piñones	

Se vacían los *brioche* y se pone dentro un poco de salsa de tomate y jamón cortadito. Encima se colocan las yemas de huevo enteras, sal y pimienta.

Montar las claras a punto de nieve y poner encima de los panecillos formando montaña. Se les clavan unos cuantos piñones y se fríen en una sartén con abundante aceite, echándoles cucharadas del mismo por encima. Dejar escurrir en papel absorbente y servir enseguida.

«SOUFFLÉ» DE QUESO

5 huevos	nuez moscada
100 g de harina	1/2 l de leche
100 g de queso rallado	40 g de mantequilla

Disolver la harina en la leche, añadir pimienta, sal y nuez moscada y dejar hervir un cuarto de hora, removiendo para que no se formen grumos. Se añaden 75 g de queso

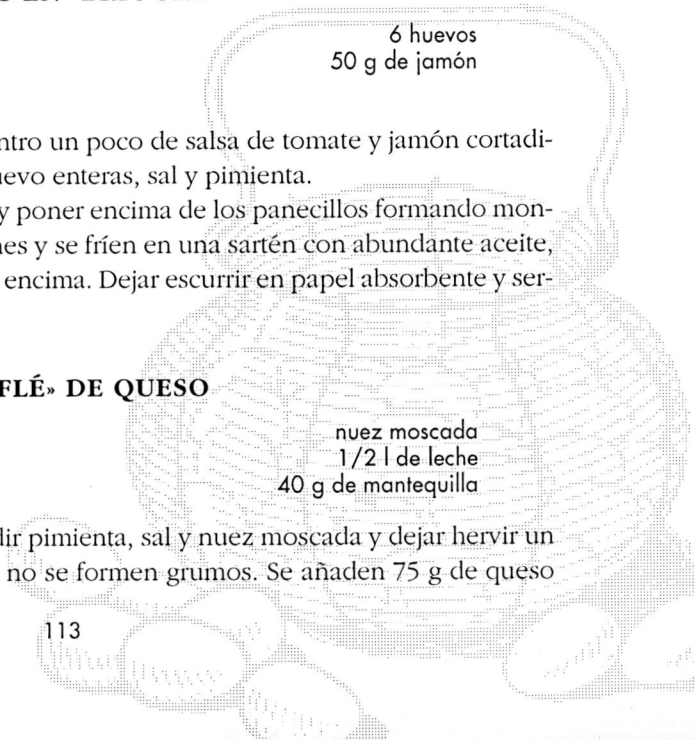

rallado, se mezcla bien y se deja enfriar con unas bolitas de mantequilla por encima. Cuando está frío echar las yemas de una en una mezclándolo bien.

Se baten las claras a punto de nieve fuerte y se añaden al preparado anterior con mucho cuidado para que no se bajen.

Se coloca en una fuente de hornear previamente untada con mantequilla y espolvoreada con pan rallado o queso rallado y se mete en el horno precalentado a temperatura fuerte. Pasados diez minutos echar por encima el resto de queso rallado y dejar una media hora más, hasta que ha subido el doble de su volumen y al meter un pincho sale limpio.

Debe llevarse inmediatamente a la mesa pues se baja enseguida.

Se pueden hacer variaciones añadiendo a la bechamel trocitos de jamón en dulce, o unos cuantos espaguetis cocidos.

«SOUFFLÉ» DE PATATA

750 g de patatas	nuez moscada
1/2 l de leche	50 g de mantequilla
queso rallado	6 huevos

Hervir las patatas y pasarlas por el pasapurés. Se ponen en una cazuela al fuego y se van removiendo para que pierdan su agua. Añadir sal, pimienta, nuez moscada, la mantequilla y la leche caliente. Se trabaja bien y se deja reposar hasta que esté tibio.

Añadir cuatro yemas de huevo de una en una removiendo siempre; luego incorporar seis claras montadas a punto de nieve y mezclar con cuidado.

Se pone en una fuente de hornear engrasada, se espolvorea con queso rallado y se mete en horno fuerte una media hora.

«SOUFFLÉ» DE PESCADO

500 g de pescado blanco	15 g de harina
6 huevos	300 g de leche hervida
50 g de mantequilla	nuez moscada

Hacer una bechamel con la leche hervida, la harina y 20 g de mantequilla. Se sazona con sal, pimienta y nuez moscada y se añade el pescado hervido y cortado en trocitos, bien limpio de espinas y piel. Por encima poner unas bolitas de mantequilla.

Cuando se ha enfriado un poco se añaden cinco yemas de huevo, una a una, mezclándolas bien y luego seis claras montadas a punto de nieve. Se pone enseguida en una fuente de hornear previamente engrasada con mantequilla y se mete en horno moderado unos tres cuartos de hora, hasta que suba mucho y al meter un pincho salga limpio.

Se puede servir con una salsa de gambas en salsera aparte.

El pescado puede ser merluza, rape y gambas.

Si se prefiere, este mismo *soufflé* puede hacerse con dos pechugas de pollo asadas en vez del pescado y añadir una trufa cortada en láminas muy finas.

TORTILLAS DE PISOS

Las tortillas pueden ser de: patatas, guisantes, cebolla, berenjenas, tomate, alubias, alcachofas, etc.

Escoger entre ellas tres o cuatro variedades y, una vez hechas, ponerlas una encima de otra, empezando por la de patatas y poniendo entre cada una, tres cucharadas de salsa de tomate. Se cubren todas con una salsa bechamel clarita y se meten un rato en el horno con queso y mantequilla por encima, hasta que estén calientes y doradas.

También se puede hacer al revés: poner entre tortillas salsa bechamel y cubrir con salsa de tomate. Resultan más ligeras.

PASTEL DE TORTILLAS

6 huevos
100 g de queso Gruyère

100 g de jamón en dulce
salsa bechamel clarita

Hacer tres tortillas planas de dos huevos cada una. En una fuente poner una tortilla, encima el jamón cortado fino, cubrirlo con otra tortilla, y ésta con el queso cortado en lonjas finas. Cubrir con la tercera tortilla y echar la salsa bechamel por encima muy caliente. Espolvorear con queso rallado y mantequilla y gratinar.

TORTILLAS DE VERDURAS

Cortar cebolla en lonjas finas y rehogar muy lentamente en una cacerola tapada, con aceite, judías verdes en tiras finas y un poco de jamón. Hacer una tortilla.

Picar cebolla y cortar calabacín en rodajas delgadas. Rehogarlo en aceite a fuego suave. Hacer otra tortilla.

Se corta pimiento rojo y pimiento verde en pequeños trozos y se rehogan en aceite a fuego lento. Cuando están medio hechos, añadir berenjena pelada y cortada en cuadraditos (que se habrá tenido una hora escurriendo su agua), y un poco de jamón. Hacer una tercera tortilla.

Acompañar con tomates fritos o ensalada.

TORTILLITAS CON SALSA DE TOMATE

6 huevos
3 cucharadas de harina
6 cucharadas de leche

salsa de tomate
queso rallado

Batir los huevos y añadir la leche, sal y harina, mezclándolo muy bien. Se van haciendo tortillitas planas muy finas en una sartén pequeña con muy poco aceite y poca cantidad de masa.

Se van poniendo en un plato y cuando están todas, se enrollan y se trasladan a una fuente. Cubrir con salsa de tomate y si se quiere, se meten en el horno a gratinar con queso y mantequilla por encima.

Las tortillitas se pueden rellenar con:

Bechamel y jamón picado.

Bechamel y pollo.

Bechamel y pescado.

Bechamel y queso.

Puré de espinacas.

Puré de patata.

Champiñones.

Guisantes.

TORTILLITAS CON ESPÁRRAGOS

Hacer tortillas planas como las de la receta de tortillitas con salsa de tomate.

En cada una se ponen dos o tres espárragos finos y se enrollan.

Se cubren con una salsa bechamel clarita a la que se añade un poco de crema de leche y dos yemas de huevo. Espolvorear con queso rallado y mantequilla y meter en el horno a gratinar.

SALSAS

Para espesar salsas, puede hacerse dejándolas hervir más rato o añadiéndoles un poco de maicena o harina.

Cuando tienen que esperar hechas, para que no se forme costra se tapan con un film transparente humedecido con agua, o se ponen por encima bolitas de mantequilla. Si la salsa lleva leche, se puede salpicar con un poco de ésta.

Para calentarlas, siempre debe hacerse removiendo. Y para asegurarse de que no se formen grumos o se corten, calentarlas al baño María.

SALSA ALIOLI

1 diente de ajo

salsa mayonesa

Se machaca completamente el diente de ajo y se mezcla con una taza de salsa mayonesa.

El verdadero alioli se hace con ajo, aceite y sal, pero resulta un poco fuerte.

SALSA DE ANCHOAS

1/2 cebolla
1 cucharadita de harina

3 anchoas
mantequilla

Poner a sofreír la cebolla picada. Cuando está dorada se añade la harina y los filetes de anchoa bien picados, junto con un cucharón de agua. Que hierva despacio cinco minutos. Fuera del fuego se le añade una nuez de mantequilla.

Es adecuada para acompañar carne a la plancha.

SALSA BEARNESA

75 g de mantequilla
2 cucharadas de vinagre al estragón

2 yemas de huevo
perifollo

Poner el vinagre en un cazo al fuego y dejar hervir hasta reducirlo a la mitad. Se deja enfriar y se añaden las dos yemas. Poner otra vez al fuego, al baño María, y batir con un batidor de alambre hasta obtener una crema espesa.

Fuera del fuego, se va añadiendo la mantequilla derretida, poco a poco, sin dejar de batir. Sazonar con sal y un poco de perifollo picado.

Si se tiene que calentar, debe hacerse al baño María.

Es una salsa especial para carnes.

Si no se tiene vinagre al estragón, añadir un poco de estragón picado. Se pueden utilizar hierbas secas, pero siempre son mejores las frescas.

SALSA BECHAMEL

1/2 l de leche	50 g de cebolla
50 g de zanahoria	30 g de harina
30 g de mantequilla	nuez moscada
pimienta blanca	perejil
tomillo	laurel

Picar la cebolla y la zanahoria y ponerlas a dorar en un poco de aceite. Cuando están un poco doradas añadir la leche hirviendo, sal, pimienta, nuez moscada, perejil, laurel y tomillo. Dejar hervir cinco minutos a fuego lento y colar.

Derretir la mantequilla, añadir la harina y remover con una cuchara de madera. Echar la leche caliente poco a poco, sin parar de remover. Dejar cocer un cuarto de hora a fuego lento.

Si se quiere más espesa hay que poner un poco más de harina o dejar cocer más rato.

SALSA BECHAMEL SENCILLA

1/2 l de leche	1 cucharada de harina
1 cucharada de mantequilla	nuez moscada
pimienta blanca	sal

Derretir la mantequilla, añadir la harina y remover un poco con una cuchara de madera. Echar la leche caliente, lentamente, sin parar de remover y cuando empieza a hervir añadir pimienta, sal y nuez moscada. Dejar cocer lentamente veinte minutos, removiendo de vez en cuando.

Si cuando está hecha la salsa, se tiene que esperar para utilizarla, se le ponen trocitos de mantequilla por encima o se tapa con film transparente para que no se forme costra. Para calentarla, se hace a fuego lento y removiendo.

Para obtenerla más espesa se ponen dos cucharadas de harina. Y si es para croquetas, se ponen tres. La mantequilla también se incrementa en proporción.

Esta salsa sirve entre otras cosas para cubrir canelones.

SALSA BERCY

1 cebolla pequeña	30 g de mantequilla
1/2 vaso de vino blanco	1 vaso de caldo de pescado
2 cucharaditas rasas de harina	75 ml de crema de leche

Picar la cebolla y sofreír en la mantequilla. Añadir el vino y el caldo y reducir a la mitad. Añadir la harina disuelta en la crema de leche y dejar cocer diez minutos a fuego lento.

Sazonar con sal y pimienta.

SALSA BOLOÑESA

1 cebolla
100 g de salchichas
1 rama de apio
1 cucharada de concentrado de tomate

1 zanahoria
4 tomates
jerez seco

Rallar la cebolla y cortar la zanahoria y el apio pequeñitos. Rehogar en un poco de aceite hasta que se dore y añadir la carne de las salchichas. Freír un poco y añadir los tomates rallados. Sazonar con sal y pimienta y dejar cocer diez minutos a fuego lento. Añadir un chorrito de jerez, el concentrado de tomate y medio vaso de agua. Dejar cocer cinco minutos más.

Esta salsa es adecuada sobre todo para acompañar espaguetis.

SALSA PARA CARNE A LA PARRILLA

En una sartén se pone un poco de mantequilla, una cucharadita de mostaza y perejil picado. Remover y verter encima de la carne. Servir enseguida.

SALSA CAZADOR

1/2 l de caldo
80 g de mantequilla
4 cucharadas de aceite
1 vaso de vino blanco
perejil

200 g de champiñones
harina
4 escalonias
salsa de tomate
estragón

Picar las escalonias muy finas y rehogarlas en el aceite. Añadir una cucharada colmada de harina y 20 g de mantequilla. Remover y añadir el caldo. Dejar cocer lentamente diez minutos.

Lavar los champiñones y cortarlos en láminas muy finas. Rehogarlos en 40 g de mantequilla. Añadir el vino y reducir a la mitad. Añadir dos cucharadas de salsa de tomate y un poco de estragón y dejar cocer cinco minutos.

Mezclar los dos preparados, dejar que den unos hervores, y añadir dos cucharadas de perejil picado y el resto de la mantequilla.

Esta salsa es adecuada para acompañar carnes y huevos.

SALSA CURRY

6 ramas de perejil
1 cebolla
curry
1 cucharada de harina
crema de leche

mantequilla
2 zanahorias
3 vasos de caldo
1/2 limón
puré de tomate

Picar la cebolla y las zanahorias y sofreírlas, sin dorar, en un poco de aceite y mantequilla, junto con las ramas de perejil. Añadir una cucharada rasa de curry, remover y añadir la harina. Rehogar un poco y añadir dos vasos de caldo poco a poco (el caldo puede ser de pastilla).

Cuando espese, añadir dos cucharadas de puré de tomate y sal, y dejar cocer lentamente durante diez minutos.

Pasar por el pasapurés y si hace falta añadir más caldo. Poner a cocer otros cinco minutos.

Al ir a servir, se calienta y se añaden tres cucharadas de crema de leche fuera del fuego.

SALSA DE CHAMPIÑONES

500 g de champiñones	1 cucharada de harina
400 ml de crema de leche	mostaza
50 g de mantequilla	jerez

Cortar los champiñones en láminas finas y ponerlos en un cazo con unas gotas de zumo de limón, sal y unas bolitas de mantequilla. Cocer unos cinco minutos.

Con la harina, mantequilla y crema de leche hacer una salsa bechamel. Al final añadirle los champiñones con su jugo, una cucharadita de mostaza y un chorrito de jerez.

SALSA «XATÓ»

100 g de almendras tostadas	1 tomate maduro
1 diente de ajo	perejil
vinagre	aceite, sal

Machacar y mezclar muy bien todos los ingredientes menos el aceite. Éste se añade poco a poco en el momento de servir.

Esta salsa se utiliza para aliñar escarola, bacalao, alcachofas, etc.

SALSA PARA ESPAGUETIS

6 aceitunas negras	1 diente de ajo
2 anchoas en aceite	aceite de oliva
1 cucharada de alcaparras	sal

Picar el ajo, las anchoas y las aceitunas deshuesadas. Añadir las alcaparras y el aceite hasta obtener la cantidad que se necesita. Sazonar con sal procurando que no quede demasiado salado.

Mezclar con los espaguetis. Puede tomarse caliente o fría.

SALSA ESPAÑOLA

300 g de huesos de buey
300 g de recortes de carne de buey
20 g de manteca de cerdo
1 rama de apio
1 hoja de laurel
pimienta negra
canela en rama
1/2 vaso de jerez seco
3 tomates maduros

2 cebollas
2 zanahorias
2 puerros
tomillo
romero
orégano
2 clavos
2 cucharadas de harina

Poner en una cacerola los huesos y la carne con la manteca.

Meter en el horno a temperatura media. Cuando están dorados añadir las verduras peladas y en trozos pequeños y las especias. Dorarlo bien y añadir el jerez. Cuando se haya reducido a la mitad añadir los tomates en trozos y dorar.

Sacar del horno, añadir la harina, remover, poner un litro de agua y dejar cocer a fuego suave durante una hora.

Pasar por el chino, volver a poner al fuego, añadir la sal y dejar cocer diez minutos.

Esta salsa se puede congelar y sirve de base para otras muchas salsas.

Aunque queda mejor hecha en el horno, también puede hacerse sobre el fuego.

SALSA HOLANDESA

3 yemas de huevo
3 cucharadas de agua

1/2 limón
75 g de mantequilla

En un cazo se ponen las tres cucharadas de agua y las yemas. Unir bien y poner al baño María con poco fuego. Se van batiendo con el batidor de alambre hasta que espesen como una crema fina. Entonces se apartan del fuego y se va añadiendo la mantequilla derretida, poco a poco, sin parar de remover.

Al final añadir el zumo del medio limón, sal y pimienta.

Esta salsa sirve especialmente para acompañar pescados, huevos y verduras. Si se tiene que calentar, debe hacerse al baño María.

SALSA MARISQUERA

Es una salsa mayonesa espesa con ketchup y una cucharada de coñac.

SALSA MAYONESA

1 huevo
2 cucharaditas de zumo de limón
1/2 cucharadita de vinagre

150 ml de aceite
pimienta blanca
sal

Para hacer la salsa a mano, mezclar durante un minuto todos los ingredientes menos el aceite que se irá añadiendo poco a poco.

Para hacerla con batidora se pueden poner todos los ingredientes a la vez.

Si se corta, añadir otro huevo y mezclar con la batidora hasta que espese. Luego añadir lentamente 100 ml (medio vaso) más de aceite.

SALSA MAYONESA DE MOSTAZA

1 huevo	150 ml de aceite
1 cucharada de mostaza	sal

Remover todos los ingredientes juntos con la batidora hasta montar la salsa.
Esta salsa sirve especialmente para acompañar verduras.

SALSA NEWBURG

100 g de mantequilla	caldo de pescado
1 zanahoria	1 cebolla
1 copita de coñac	150 g de tomates
1 copita de vino blanco	6 langostinos
100 ml de crema de leche	15 g de harina

Derretir la mantequilla en una cazuela, añadir la cebolla y la zanahoria picadas y rehogar hasta que tengan un color dorado. Añadir los langostinos y el coñac y flambear. Cuando se apaga, se agrega el vino blanco y los tomates rallados. Sazonar con sal y pimienta y cocer unos diez minutos.

Sacar los langostinos y pelarlos. Los caparazones y las cabezas se machacan en el mortero y se vuelven a poner con el sofrito. Añadir la harina y un cuarto de litro de caldo de pescado y dejar cocer lentamente veinte minutos.

Se pasa por el chino, se pone en el fuego y se añade la crema de leche batiéndolo bien.
En el momento de servir, fuera del fuego, se añaden 50 g de mantequilla.

En vez de caldo de pescado puede utilizarse el líquido de cocer filetes de lenguado en el horno, con zumo de limón, mantequilla y vino blanco.

SALSA DE OPORTO

1 zanahoria	1 cebolla
grasa de freír carne	laurel
sazonador italiano	salsa de tomate
1/4 de l de caldo	1 cucharada de harina
1 copita de oporto	50 g de tocino

Picar la cebolla y la zanahoria y dorarlas en la grasa que habremos reservado de freír carne. (Si no se tiene, se sustituye por aceite.) Se añade el tocino cortado fino y la harina. Rehogar cinco minutos y añadir dos cucharadas de salsa de tomate y un cuarto de litro de caldo o agua con un cubito de caldo concentrado. Sazonar con pimienta, sal, laurel y sazonador italiano y dejar cocer un cuarto de hora lentamente.

Se pasa por un colador, se añade el oporto y se sirve muy caliente.

Va muy bien para acompañar jamón en dulce quemado.

SALSA DE PIÑA

1/2 vaso de jugo de piña
2 cucharadas de azúcar
1 cucharadita colmada de maicena

3 cucharadas de agua
1 rodaja de piña

Mezclar todos los ingredientes menos la rodaja de piña y cocer despacio hasta que espese. Entonces añadir la rodaja de piña cortada en trocitos.

Para acompañar cerdo o pollo.

SALSA PARA SOLOMILLO

200 ml de crema de leche
1 copita de coñac
mostaza

jerez seco
vinagre

Quemar el coñac un ratito. Añadir una cucharadita de mostaza, una de vinagre, una copa de jerez y la crema de leche. Se bate, en el fuego, hasta que espese y se añade sal y pimienta negra.

Se puede añadir la mantequilla en la que se ha hecho el solomillo. Servir muy caliente.

SALSA PARA TALLARINES

Se deshace una lata pequeña de paté en medio litro de salsa de tomate y una copita de vino. Se deja hervir cinco minutos y se añade a los tallarines recién hervidos.

SALSA TÁRTARA - 1

salsa mayonesa espesa
alcaparras
3 pepinillos

1/2 cebolla
perejil
vinagre

La cebolla se deja un rato en agua con vinagre. Después se seca bien y se pica muy pequeña. Picar también los demás ingredientes y mezclarlo todo con la mayonesa. Se mete en la nevera para servirla muy fría.

Se puede suprimir la cebolla.

SALSA TÁRTARA - 2

2 yemas de huevo duro
mostaza al estragón
aceite de oliva

2 cucharadas de crema de leche
alcaparras
cebolleta

Batir las yemas con sal, pimienta y mostaza. Añadir aceite poco a poco. Agregar la crema de leche, alcaparras y cebolleta picada.

SALSA DE TOMATE ITALIANA

1 kg de tomates
2 kg de tomate triturado de lata
1 ramita de apio
perejil
orégano

2 cebollas
laurel
2 zanahorias
tomillo

Lavar los tomates y cortarlos en trozos quitando la parte dura del tallo.

Se ponen en una cazuela con el tomate de lata, las cebollas, las zanahorias, el apio y las hierbas. Añadir sal y un chorrito de aceite.

Cuando la cebolla y la zanahoria están blandas, se pasa todo por el chino y, si la salsa ha quedado demasiado clara, se vuelve a poner a hervir hasta que espese. Remover de vez en cuando para que no se pegue.

SALSA DE TRUFA

2 trufas medianas
1 vaso de salsa española

jerez seco
10 g de mantequilla

Picar la trufa muy fina y ponerla en un cazo con una copita de jerez a reducir a la mitad. Se añade la salsa española, la mantequilla y la sal y se deja cocer cinco minutos.

Esta salsa se sirve para acompañar carnes y huevos.

SALSA VERDE - 1

1/2 cebolla
1 huevo duro
aceite, sal
pimienta

4 pepinillos
alcaparras
vinagre
4 aceitunas

Picar todos los ingredientes muy menudos y añadir un aliño de tres partes de aceite por una de vinagre, sal y pimienta.

SALSA VERDE - 2

1/2 cebolla
perejil
vinagre

1 huevo duro
aceite
ajo (opcional)

Se pican muy bien las hojas del perejil, luego la cebolla y el huevo duro. Sazonar con sal y pimienta y aliñar con tres partes de aceite por una de vinagre. Mezclar muy bien hasta conseguir el espesor deseado.

SALSA VERDE - 3

20 g de hojas de espinacas
10 g de hojas de perejil
1/4 de l de agua
aceite

20 g de berros
10 g de perifollo
2 yemas de huevo

Las hierbas y las espinacas se hierven con el agua cinco minutos. Se escurren, se pasan por agua fría y luego se pasan por un tamiz para obtener un puré.

Hacer una mayonesa espesa con las dos yemas y aceite y añadir el puré poco a poco.

SALSA VERDE VINAROZ

1 manojo de perejil
12 almendras tostadas
6 langostinos

1/2 cebolla
1 huevo duro
vinagre

Picar primero la yema del huevo duro y luego la clara. Se pican las hojas de perejil, la cebolla y las almendras. Añadir aceite y vinagre al gusto y sazonar con sal y pimienta.

Los langostinos se hacen en la plancha dejándolos más bien crudos. Se pelan y se pican añadiéndolos a todo lo demás.

SALSA VINAGRETA

Una parte de vinagre por tres de aceite; sal y pimienta.
Se mezcla todo muy bien. Se le puede añadir mostaza o jugo de carne.

GUACAMOLE

2 aguacates
1/2 cebollita
limón

1 tomate rojo fuerte
tabasco

Con un tenedor se aplastan los aguacates. Se les añade bastante zumo de limón, la cebollita muy picada y el tomate pelado y cortado en dados muy pequeños. Sazonarlo con sal y salsa tabasco al gusto.

Servir frío con cortezas de maíz, tiras de zanahoria y de apio, etc.

MANTECA DE CANGREJO

100 g de cangrejos de río   50 g de mantequilla
1 cucharada de pimentón

Hervir los cangrejos; pelar y picar la carne con un cuchillo; mezclar con la mantequilla, el pimentón y la sal.

Se pasa dos veces por un cedazo fino.

SALSA DE CANGREJO

Añadir dos cucharadas de manteca de cangrejo a media salsera de salsa holandesa. Esta salsa se utiliza para acompañar pescados.

MANTEQUILLA DE PEREJIL

50 g de mantequilla   1/2 limón
pimienta negra   perejil

Convertir la mantequilla en crema. Añadir el zumo del medio limón, sal, pimienta y un puñado de hojas de perejil picadas muy finas. Con una cuchara o espátula hay que ir mezclándolo.

Se hace un rollito y se mete en el congelador envuelto en papel de aluminio.

Cuando se va a utilizar se corta en rodajitas, y se pone, por ejemplo, encima de filetes a la plancha, al llevarlos a la mesa.

PURÉ DE MANZANA

1 kg de manzanas   50 g de azúcar
50 g de mantequilla

La mejor clase de manzana para este puré es la reineta, pero se puede hacer con cualquier otra.

Pelar las manzanas y cortarlas en trozos. Ponerlas en un cazo con la mantequilla y unas gotas de agua a fuego muy lento hasta que estén cocidas. Pasarlas por el pasapurés y añadir el azúcar y un pellizco de sal.

Esta salsa es adecuada para acompañar rosbif y cerdo.

Si se toma fría, como postre, añadir una cucharadita de vainilla.

PESCADOS Y MARISCOS

El pescado hay que comerlo recién hecho.
Procurar que no se pase de cocción.

Hervidos:

Las rodajas de pescado se ponen con el agua fría y cuando ésta empieza a hervir se apaga el fuego y se tapa la cazuela. Se cuecen con el calor del agua.

También se puede hacer primero un caldo corto, poniendo en el agua fría una cebolla y una zanahoria en rodajas finas, una ramita de perejil, un trocito de hoja de laurel, una ramita de tomillo, una cucharada de aceite de oliva, sal y medio vasito de vino blanco. Se deja hervir veinte minutos. Cuando se apaga el fuego se pueden poner unos granos de pimienta. Se añade el pescado, se tapa y se deja en el agua hasta que se cuece. Sin fuego.

Si son piezas grandes, se ponen en el agua fría junto con todos los ingredientes anteriores (excepto la pimienta que siempre se añade cuando se apaga el fuego). Cuanto más grande es el pescado más lento debe ser el fuego.

Fritos:

Cuanto más grosor tenga el pescado menos caliente debe estar el aceite. En general, el aceite debe cubrir la mitad del pescado.

Los calamares y filetes de pescado Orly se fríen con aceite abundante.

El lenguado, si se fríe con mantequilla, debe hacerse suavemente. Si se fríe con aceite, a fuego vivo.

Con restos de pescado se pueden hacer canelones, croquetas, conchas, flanes, etcétera.

ALMEJAS A LA MARINERA

1 kg de almejas	1 vaso de vino blanco
2 dientes de ajo	1 cebolla
1 cucharada de harina	perejil

Limpiar las almejas en varias aguas.

En una cazuela de barro calentar un poco de aceite y echar los ajos y la cebolla picados. Rehogar lentamente hasta que estén dorados.

Añadir la harina y rehogar. Se moja con el vino y un poco de agua, se pone el fuego al máximo y cuando arranque a hervir se echan las almejas y se tapa. Cuando se empiecen a abrir se revuelven y se sazonan con sal y pimienta blanca. Espolvorear con perejil picado y servir enseguida.

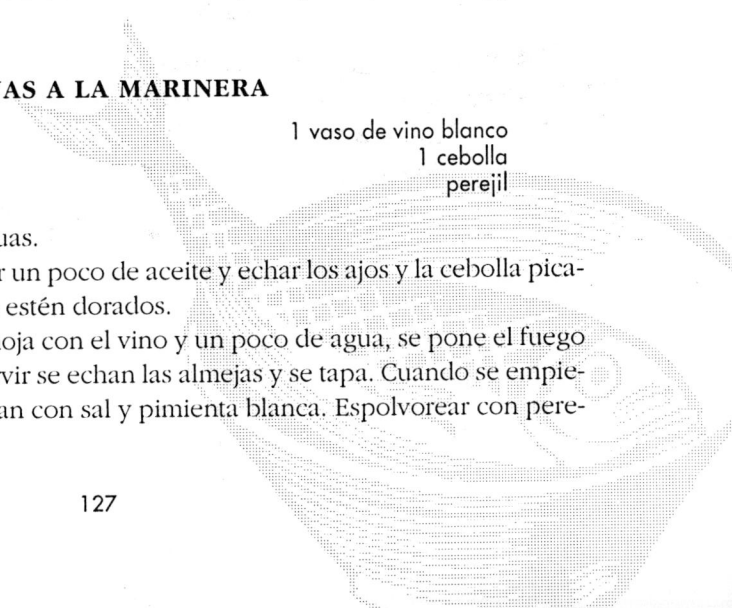

BACALAO «A LA LLAUNA»

4 trozos de bacalao remojado
1 pimiento rojo asado
ajos

harina
pimentón
perejil

Deben ser trozos de bacalao gruesos, sin espinas. Se escurren bien, se pasan por harina y se fríen en abundante aceite. Poner los trozos en una cazuela de barro.

En el aceite en que se han frito, quitando un poco si es demasiado, poner bastante pimentón, remover un poco en el fuego, y echarlo luego por encima del bacalao.

Se rocía con un poco más de aceite crudo, se adorna con el pimiento cortado en trozos y se espolvorea con ajo y perejil picados.

Meter en el horno más bien fuerte una media hora.

BACALAO CON PATATAS

4 trozos de bacalao
perejil
ajo

500 g de patatas
limón

En una fuente de hornear se pone una capa de patatas cortadas en rodajas finísimas y una pizca de sal. Encima se colocan los trozos de bacalao desalado sin espinas, ajo y perejil picados. Se rocía con un poco de aceite y se mete en el horno hasta que se cuezan las patatas. Para que se hagan más de prisa es mejor taparlo la primera media hora.

Al sacarlo del horno rociarlo con un poco de zumo de limón.

BACALAO CON «SAMFAINA»

4 trozos de bacalao remojado
samfaina (ver verduras)

30 g de pasas
20 g de piñones

Los trozos de bacalao tienen que ser de la mejor calidad, gruesos y sin espinas. Se escurren muy bien, se secan con un trapo, se pasan por harina y se fríen en abundante aceite. Dejar luego sobre papel absorbente.

En una cazuela de barro poner la *samfaina,* que cubra todo el fondo; echar por encima los piñones y las pasas, remojadas y escurridas de antemano. Se colocan los trozos de bacalao y se mete en el horno unos veinte minutos para que dé unos hervores.

BESUGO AL HORNO

1 besugo
1 vaso de vino
pan rallado
2 patatas

1 cebolla
3 tomates
1 limón
perejil

Limpiar el besugo. Hacerle unos cortes transversales y en cada uno de ellos se pone una rodaja de limón. Sazonarlo.

En una fuente de hornear, poner, en bastante aceite, la cebolla y las patatas cortadas en rodajas. Se meten en el horno, tapadas con papel de aluminio, hasta que se cuezan un poco las patatas.

En una sartén poner a calentar un poco de aceite y cuando está muy caliente, verter encima del besugo. Espolvorearlo con ajo y perejil picado y meterlo en el horno encima de las patatas. Poner alrededor los tomates cortados en rodajas gruesas. (También se pueden freír, primero, las patatas y las cebollas y meterlo todo a la vez en el horno.)

Al cabo de un rato, se añade el vino blanco, y cuando falta poco para que esté cocido el pescado, se pone encima de los tomates un poco de pan rallado y se gratina.

El tiempo total de horneado es de aproximadamente una hora.

CALAMARES CON CEBOLLA

6 calamares	2 cebollas
arroz blanco	1 limón

Los calamares, bien limpios, se cortan en rodajas finas.

La cebolla se corta muy fina en ruedas y se pone en una sartén con bastante aceite a fuego muy suave. Cuando está transparente se añaden los calamares y un poco de zumo de limón, pimienta y sal. Dejar cocer mucho rato, lentamente y tapado, hasta que los calamares estén tiernos sin que la cebolla se dore mucho.

El arroz blanco, caliente, se pone en un molde de corona y se vuelca en una fuente. Se espolvorea el arroz con perejil picado.

Los calamares se ponen en el centro. Se les puede poner un chorrito de jerez.

CALAMARES RELLENOS JULIA

6 calamares	200 g de merluza
4 tomates	1 cebolla
1 zanahoria	1 huevo duro
harina	laurel
perejil	vino blanco
nuez moscada	

Picar las patas y aletas de los calamares junto con la merluza, sin piel ni espinas, y el huevo duro. Sazonar con sal, pimienta y nuez moscada.

Rellenar con este picadito las bolsas de los calamares que deben estar muy limpias. (También se puede poner un poco de cebolla frita y unos piñones picados. O trocitos de gambas o langostinos cocidos.) Se cierran con un palillo, se rebozan con harina y se fríen con poco fuego hasta que estén dorados.

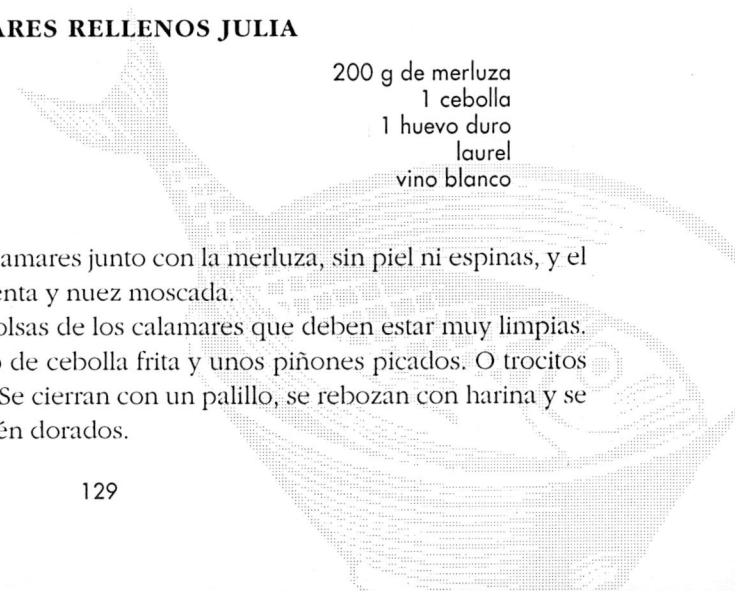

En el mismo aceite freír la cebolla y la zanahoria picadas. Cuando están muy doradas añadir los tomates, sal, pimienta y laurel y dejar cocer diez minutos.

Pasar la salsa por el chino a una cazuela y añadir los calamares y agua hasta que los cubra, dejándolos cocer a fuego lento una media hora, hasta que espese un poco la salsa. Cuando les falta poco se añade un chorrito de vino blanco.

Se sirven con arroz blanco o pan frito.

CALAMARES RELLENOS DE CARNE

6 calamares	1 huevo duro
100 g de carne de cerdo	1 cebolla
miga de pan	harina
200 g de guisantes	4 tomates
perejil	ajo

Limpiar muy bien los calamares. Picar las patas y aletas junto con la carne de cerdo, el huevo duro, un poco de miga de pan, ajo y perejil. Sazonar con sal y pimienta y rellenar las bolsas de los calamares cerrándolas con un palillo. Se rebozan en harina y se fríen.

En el mismo aceite sofreír la cebolla y el tomate, añadir media cucharada de harina, un vaso de agua y los calamares.

Cuando están cocidos, se pasa la salsa por el chino y se vuelve a poner todo al fuego para que se caliente, añadiéndo los guisantes hervidos.

CORONA DE PESCADO
(6 personas)

500 g de merluza	100 g de gambas
125 g de champiñones	1 limón
50 g de miga de pan	2 huevos
100 g de mantequilla	40 g de harina
75 g de queso rallado	50 g de nata
1 vaso de vino blanco	1/2 l de leche
50 g de pan rallado	

Los champiñones se cuecen limpios y cortados en láminas finas con un poco de mantequilla y unas gotas de limón.

Humedecer la miga de pan con la leche, sazonar y cocer lentamente hasta formar una papilla.

Poner el pescado en una tartera con el vino, unas gotas de limón, sal y un poco de mantequilla y cocerlo en el horno, tapado. Una vez cocido sacar las espinas y pieles, trincharlo y mezclarlo con la papilla de pan, reservando las gambas. Añadirle poco a poco el queso rallado, una yema de huevo y dos claras a punto de nieve.

Meterlo todo en un molde corona, previamente engrasado con mantequilla y espolvoreado con pan rallado, y cocerlo al baño María en el horno hasta que al meter un palito salga limpio.

Fundir al fuego 40 g de mantequilla, añadir 40 g de harina e ir añadiendo, poco a poco y sin parar de remover, el líquido de haber cocido el pescado y el líquido de haber cocido los champiñones. Dejar hervir diez minutos y añadirle los champiñones. Fuera del fuego añadir una yema de huevo y la nata.

Poner en una fuente un fondo de arroz blanco, encima la corona de pescado con las gambas cubriéndola y por encima la salsa muy caliente.

Se puede adornar con rodajas de limón y huevos blandos en el centro.

DORADA AL HORNO

800 g de dorada
1 cebolla

40 g de mantequilla
perejil

Engrasar una fuente de horno con mantequilla y colocar la cebolla cortada en rodajas finas y perejil picado.

Limpiar bien la dorada y ponerle dentro mantequilla, sal y pimienta. Por encima se le hacen unos cortes transversales, en los que se reparte el resto de la mantequilla. Se coloca encima de la cebolla con dos cucharadas de agua y se mete en el horno una media hora, rociándola de vez en cuando con el jugo de cocción.

DORADA A LA SAL

1 dorada de 1 kg

1 kg de sal gorda

Pedir en la pescadería que limpien la dorada abriéndola lo menos posible y sin escamar.

Poner en una fuente de horno una capa de sal. Encima colocar la dorada bien lavada y cubrirla con el resto de la sal, apretándola mucho con las manos para que quede completamente recubierta.

Ponerla en horno medio unos cuarenta minutos, hasta que la sal empiece a agrietarse.

Se lleva a la mesa y allí se separa la sal, se le quita la piel a la dorada y se sirve en filetes en los platos, con un chorro de aceite de oliva por encima.

GAMBAS AL CURRY

1 kg de gambas
1 cebolla grande
crema de leche
1 cucharada de harina
40 g de mantequilla

perejil
curry
1 cubito de caldo
2 zanahorias

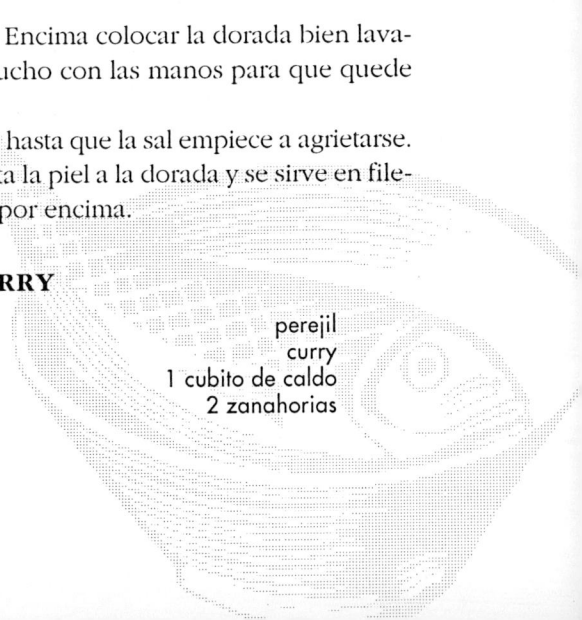

Calentar la mantequilla y poner las gambas, con sal y pimienta, a fuego suave hasta que estén medio hechas. Sacarlas, y en la misma grasa freír la cebolla y la zanahoria picadas y los tallos de perejil sin hojas. Cuando está blando, sin llegar a dorarse, añadir la harina removiendo. Poner dos minutos al fuego y añadir medio litro de agua templada poco a poco.

Mezclarlo bien y agregar el jugo de las cabezas dejándolo cocer un cuarto de hora. Pasarlo por el pasapurés y añadir una cucharada rasa de curry, el cubito de caldo y las gambas. Dejarlo hervir cinco minutos y añadirle, fuera del fuego, dos cucharadas de crema de leche.

Servir con arroz blanco.

También puede hacerse con langostinos.

CÓCTEL DE GAMBAS

gambas	apio
salsa mayonesa	salsa de tomate
mostaza	ketchup
lechuga	

Limpiar la lechuga y picarla en juliana.

Limpiar el apio, quitarle los hilos y cortarlo en trocitos muy pequeños.

Hervir las gambas, pelarlas, cortarlas en trocitos y reservar alguna para adornar.

A la salsa mayonesa se le añade un poco de salsa de tomate y ketchup, hasta que quede rosa, sal, pimienta y mostaza. Debe quedar fuertecita.

En el último momento se mezcla todo y se sirve en copas individuales.

GAMBAS EN CROQUETA

Freír las gambas y pelarlas, dejándoles la cola. Picar las cabezas y pieles y hervirlas en medio litro de leche durante cinco minutos para que tome gusto y color. Se cuela y se hace una salsa bechamel con esta leche, mantequilla, tres cucharadas de harina, sal y pimienta. Cocer hasta que resulte bastante espesa, y cubrir con ella las gambas por ambos lados.

Se dejan enfriar, se rebozan con huevo batido y pan rallado y se fríen en abundante aceite.

También se pueden hacer las croquetas con bechamel normal. En ese caso se ponen las gambas crudas, peladas dejándoles la cola. (No quedan tan sabrosas.)

VOLOVANES DE GAMBAS

300 g de gambas	1 cebolla
2 cucharadas de puré de tomate	1 zanahoria
1 copa de coñac	25 g de mantequilla
1 taza de bechamel espesa	1 copa de vino
6 volovanes	

Poner la mantequilla y un poco de aceite en una sartén, añadir la cebolla y la zanahoria picadas y sofreír hasta que estén doradas. Se añade el tomate, se deja cocer cinco minutos y se añaden las gambas. A los cinco minutos se rocían con el coñac y se enciende. Cuando se apaga, se echa el vaso de vino, se sacan las gambas y se pelan.

Las cabezas y caparazones de las gambas se machacan y se echan al sofrito, dejándolo hervir diez minutos. Luego se pasa por el pasapurés y se mezcla con la salsa bechamel. Añadir las gambas a trocitos.

Con la salsa muy caliente, rellenar los volovanes.

También se puede poner en un volován grande o en tartaletas.

LANGOSTA A LA AMERICANA
(2 personas)

1 langosta viva de 1 kg	2 escalonias
1 copa de coñac	1 puerro
1/2 zanahoria	3 tomates
1/2 cebolla	estragón
1 copa de vino blanco	tomillo
2 cucharadas de puré de tomate	laurel
125 g de mantequilla	apio
pimienta de cayena	

Cortar la cola de la langosta en trozos y dar un golpe a las patas para luego poder sacar bien la carne. La cabeza se corta en dos a lo largo, se retira la bolsa de lo alto de la cabeza, que contiene piedras, y los intestinos.

Los trozos cortados y la parte cremosa de la cabeza se sazonan con sal y pimienta.

En una cazuela se ponen seis cucharadas de buen aceite; cuando está caliente se echan los trozos de langosta y se saltean hasta que estén dorados por los dos lados y el caparazón bien rojo. Se sacan y se pone a dorar la cebolla, zanahoria, escalonias y la parte blanca del puerro, todo bien picado. Se añade 25 g de mantequilla y cuando está todo bien dorado, se vierte el coñac encendido.

Cuando se apaga, se añade el vino, un cuarto de litro de agua o de caldo, los tomates, el puré de tomate, un trocito de apio, estragón, pimienta, perejil, sal y la langosta. Se tapa y se deja cocer veinte minutos.

Sacar los trozos de langosta y las patas, desprender la carne del caparazón y ponerla en la fuente de servir. La salsa se deja hervir hasta que espese y se pasa por el chino.

Los intestinos se mezclan con 100 g de mantequilla, se mezcla con la salsa y se vierte encima de la langosta. Se adorna con moldes de arroz blanco alrededor o servido aparte.

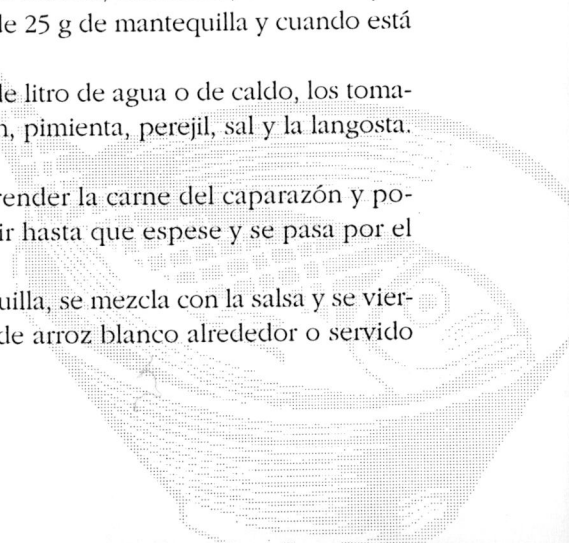

CÓCTEL DE LANGOSTA
(2 personas)

1 langosta de Canarias
mostaza amarilla
1 limón
tabasco
sal de apio

salsa Perrins
ketchup
salsa mayonesa
lechuga
perejil

Hervir la langosta con sal y alguna hierba, vaciarla, cortarla en rodajas y colocarlas encima de un lecho de lechuga cortada muy fina. Mezclar todas las especias y salsas (vigilar con la salsa tabasco porque es muy fuerte) con la salsa mayonesa. Si está muy espesa se aclara con un chorrito de leche.

Cubrir la langosta y adornar con perejil picado y rodajas de limón.

Se puede sustituir la langosta por un bogavante.

LANGOSTINOS A LA AMERICANA

1 kg de langostinos
1 cucharada de harina
50 g de mantequilla
pimienta blanca
mostaza
2 yemas de huevo

250 g de tomates
20 ml de coñac
50 mg de jerez
pimentón
laurel

Sofreír los langostinos cinco minutos. Verter por encima el coñac encendido. Cuando se apaga se retiran los langostinos. En el mismo aceite se sofríen los tomates, 25 g de mantequilla, caparazones y cabezas de los langostinos, pimienta blanca, pimentón, laurel y harina. Cuando haya hervido unos quince minutos pasarlo por el pasapurés. Se puede añadir un poco de agua.

Añadir el jerez, el resto de la mantequilla, una cucharada de mostaza y dos yemas y calentar a baño María hasta que esté bien caliente pero sin que llegue a hervir.

Se vierte sobre los langostinos y se sirve con moldes de arroz blanco.

LENGUADO CON CHAMPIÑONES

1 kg de lenguado
1 vasito de vino blanco
250 g de champiñones
1 cucharada rasa de harina
nuez moscada

queso rallado
50 g de mantequilla
1 limón
1/2 cebolla

El lenguado, cortado en filetes, se pone en una tartera con el vino, unas bolitas de mantequilla, un poco de zumo de limón y sal. Se mete en el horno, tapado, hasta que esté cocido.

La cebolla se pica y se sofríe con un poco de aceite y mantequilla. Cuando está cocida, sin dorarse, se añaden los champiñones cortados en láminas. Al cabo de cinco minutos se añade la harina, se remueve y se añade el caldo de cocer el pescado y un cucharón de agua. Se sazona con sal y las especias y se deja hervir diez minutos.

Verter sobre el lenguado, espolvorear con queso rallado y mantequilla y meter en el horno a gratinar.

LENGUADO A LA «MEUNIÈRE»
(1 persona)

1 lenguado	mantequilla
harina	limón
perejil	

El lenguado, al que se le habrá quitado la piel, se limpia bien, se sazona con sal y pimienta y se cubre de harina, sacudiéndolo luego para que suelte la sobrante.

Poner 40 g de mantequilla a derretir, a fuego lento. Freír el lenguado muy despacito. Tiene que quedar dorado.

Se pone en una fuente rociándolo con unas gotas de limón y perejil picado. Reservar al calor y en el momento de servir se le echa por encima un poco de mantequilla fundida, ligeramente oscura.

LENGUADO NEWBURG

1 kg de lenguado en filetes	arroz largo
25 g de mantequilla	2 trufas
1 copita de vino blanco	limón
6 langostinos	salsa Newburg

Los filetes de lenguado, se cortan por la mitad y se aplanan ligeramente. Colocarlos en una tartera untada con mantequilla, espolvorearlos con trufa picada fina, un poco de zumo de limón, 25 g de mantequilla y sal.

Se rocían con el vino blanco y cuatro cucharadas de agua y se meten en el horno, tapados, hasta que estén cocidos.

Ponerlos en una fuente, y cubrirlos con la salsa Newburg (véase en «Salsas»). Adornar con moldes de arroz blanco, discos de trufa y los langostinos de la salsa.

LENGUADO AL VINO BLANCO

4 lenguados	mantequilla
2 vasitos de vino blanco	pan rallado

En una tartera untada con mantequilla, colocar los lenguados sin piel ni cabeza, bien limpios. Sazonar con sal y pimienta y untar con mantequilla. Se espolvorean con pan rallado y se mojan con el vino blanco. Meter en el horno hasta que estén cocidos, regándolos con el caldo de vez en cuando.

LENGUADO CON VINO Y QUESO

1 kg de lenguado
150 g de queso rallado
1 vaso y 1/2 de vino blanco
150 g de mantequilla

nuez moscada
1/2 l de leche
75 g de harina

Con 50 g de mantequilla, la harina y la leche se hace una bechamel espesa que se sazona con pimienta, sal, nuez moscada y perejil trinchado fino. Se deja hervir un cuarto de hora removiendo a menudo para que no se pegue.

El lenguado, cortado en filetes, se pone en una tartera con 50 g de mantequilla y el vino. Se mete tapado en el horno hasta que esté cocido, unos ocho minutos, y se reserva al calor.

El jugo que ha soltado el lenguado se añade poco a poco a la bechamel para que hierva un ratito, hasta que quede un poco cremoso, no demasiado claro. Fuera del fuego se añaden 125 g de queso rallado y 30 g de mantequilla.

Los filetes de lenguado se salan y se ponen en una fuente de hornear. Se cubren con la salsa, se espolvorean con el resto de queso rallado y mantequilla y se meten en el horno a gratinar.

MEJILLONES A LA MARINERA - 1

1 kg de mejillones
1 cucharada de harina
perejil

1 cebolla
4 tomates
limón

Con la cebolla, tomate y perejil hacer un sofrito. Añadir la harina y un poco de agua. Cuando empieza a hervir, se agrega un poco de zumo de limón, y se deja cocer hasta que espese un poco.

Un rato antes de servir, se abren los mejillones al vapor y se añaden al sofrito, con un poco del agua que sueltan pasada por un colador fino. Se deja que den unos hervores revolviendo bien, hasta que estén muy calientes.

MEJILLONES A LA MARINERA - 2

1 kg de mejillones
1 vaso de vino blanco
hierbas aromáticas

1 cebolla
perejil

Poner los mejillones bien lavados, en una cacerola, añadir la cebolla picada fina, perejil picado, sal, pimienta, el vino, y las hierbas aromáticas. Dejar cocer tapado hasta que se abran.

MEJILLONES A LA MARINERA - 3

Poner en una cazuela vino blanco con cebolla muy picadita.

Se echan los mejillones, muy limpios, hasta que se abran, a fuego vivo. Se añade nata líquida y perejil picado.

MERLUZA EN SUPREMAS AL CEBOLLINO

800 g de merluza en supremas
100 g de mantequilla
4 ramitas de cebollino
1/4 de l de vino blanco
100 ml de crema de leche

1 zanahoria
1 escalonia
1 puerro
1 huevo

Pedir en la pescadería que corten la merluza en supremas. Esto consiste en pelar la merluza entera y quitarle todas las espinas. Luego se corta en pedazos de ración.

Cortar cuatro trozos de papel de aluminio y colocar encima las supremas de merluza. Salpimentar.

La zanahoria y el puerro se cortan en juliana y se hierven en agua salada cinco minutos. Se escurren y se reparten sobre la merluza agregándoles una bolita de mantequilla por porción. Cerrar los paquetes y asar en el horno hasta que estén cocidos: unos veinte minutos.

Preparar la salsa poniendo a hervir el vino en un cazo con la escalonia picada muy fina. Cuando se ha reducido el líquido a la mitad, se pasa por el chino. Añadir la yema de huevo desleída en la crema de leche y calentar a fuego muy suave cinco minutos.

Se abren los paquetes, se ponen las supremas de merluza en una fuente y se cubren con las verduras y la salsa. El cebollino se corta muy pequeño y se espolvorea por encima.

MERLUZA DUQUESA

800 g de merluza
80 g de mantequilla
1 copita de vino blanco
15 g de queso rallado
1 limón
nuez moscada

500 g de patatas
2 huevos
20 g de harina
1 cebolla
1 trufa

Las espinas y la piel de la merluza se hierven en un cuarto de litro de agua con la cebolla cortada en cuatro trozos y un poco de sal, durante veinte minutos.

La merluza, en filetes, se pone en una fuente de horno con el vino, zumo del limón y 30 g de mantequilla. Se tapa y se mete en el horno hasta que esté cocida.

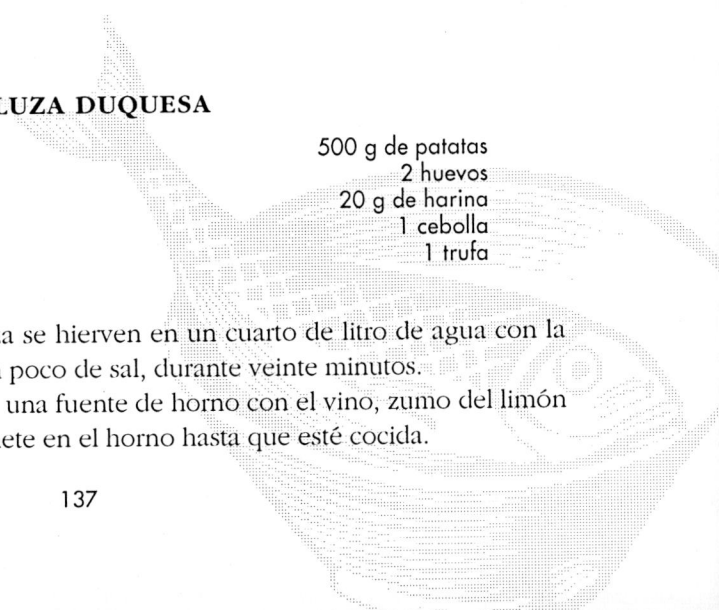

137

Derretir 40 g de mantequilla, añadir la harina, dorar un momento y añadir el caldo de las espinas y el jugo que ha soltado la merluza. Sazonar con sal, pimienta y nuez moscada y dejar cocer a fuego lento quince minutos. Fuera del fuego se le añade una yema de huevo.

Se pone un poco de salsa en una fuente de hornear, encima el pescado y, cubriéndolo, el resto de salsa. Se espolvorea con queso rallado y mantequilla, se adorna con la trufa cortada en rodajitas finas y se mete en el horno a gratinar.

Se puede adornar con un cordón de puré de patata muy espeso alrededor. Se hace con una manga de boquilla rizada antes de colocar el pescado.

Este plato puede hacerse con lenguado en vez de merluza.

MERLUZA GRATINADA

1 merluza
salsa mayonesa

1/2 diente de ajo

Pedir en la pescadería que preparen una merluza sin la cabeza, las espinas y la piel. Quedan dos trozos limpios.

Después de lavados, sazonarlos con sal y encima de uno de ellos poner una capa de mayonesa. Cubrirlo con el otro trozo y encima de éste poner un alioli muy suave. (Se puede hacer añadiendo medio diente de ajo exprimido a un vaso de mayonesa.) Meterla a horno fuerte una media hora. Tiene que dorarse.

Servir enseguida acompañada de verduritas hervidas o al vapor: guisantes, zanahorias, patatas a cuadraditos, etc.

MERLUZA HERVIDA

1 merluza
2 zanahorias
1 diente de ajo

1 cebolla
perejil
1 hoja de laurel

Con todas las verduras y un poco de sal hacer un caldo que debe hervir media hora. Tiene que quedar suficiente líquido para cubrir la merluza entera.

Cuando está frío se mete la merluza bien limpia y se pone a hervir a fuego suave. En el momento que empieza a hervir, apagar el fuego y dejar la merluza en el caldo hasta que éste se enfríe. Escurrir y poner en una fuente larga. Adornar con perejil y limón.

Se puede acompañar con: patatas, zanahorias, judías, cebollitas, guisantes, etc. Todo debe estar hervido y cortado como para ensalada rusa.

Servir con salsa mayonesa, tártara o vinagreta.

MERLUZA JANE

500 g de merluza o lenguado
100 g de gambas o langostinos
2 huevos
2 cucharadas de salsa de tomate
puré de patata

75 g de mantequilla
1 cucharada de harina
2 copas de jerez
1 lata de trufa

El pescado se limpia y se pone en una fuente de hornear con un poco de mantequilla, sal y el jerez mezclado con una tacita de agua. Se mete en el horno, tapado, hasta que esté cocido: unos diez minutos.

Las gambas se ponen a hervir con suficiente agua para que las cubra y sal. Después se pelan.

Con el resto de la mantequilla, la harina y el caldo de cocer el pescado se hace una salsa que debe hervir un cuarto de hora. Tiene que haber un cuarto de litro de líquido.

Fuera del fuego se le añaden dos yemas de huevo.

El puré de patata se pone en una fuente de horno, encima se coloca el pescado, y cubriendo la mitad de éste, una mitad de la salsa. El resto de la salsa se mezcla con la salsa de tomate y se cubre la otra mitad de la fuente.

Poner las gambas de adorno, y las trufas por encima; unas en rodajitas y otras picadas finas.

Se puede poner a calentar, tapado, en el horno.

MERLUZA PALMEROLI

800 g de merluza a filetes
1 puerro grande
50 g de mantequilla
2 cucharadas de harina
nuez moscada

200 g de zanahorias
1 limón
1/2 l de leche
queso rallado

Cortar las zanahorias y el puerro en tiritas muy finas y hervirlas.

La merluza se pone en una fuente de hornear con sal, medio limón exprimido y un poco de mantequilla. Se mete en el horno, tapada, hasta que esté cocida.

Hacer una bechamel con la mantequilla, la leche, las especias y el caldo de haber cocido el pescado. En el último momento se le añaden las verduras y se cubre la merluza. Espolvorear con queso rallado y mantequilla y meter en el horno a gratinar.

MERLUZA AL «PIL-PIL»

4 trozos de merluza

6 dientes de ajo

Freír los ajos con una taza de aceite en una cazuela de barro. Cuando están dorados, se sacan, y se pone el perejil bien picado, la merluza limpia y la sal. Al cabo de unos minutos se remueve la cazuela hasta que el aceite resulte una salsa blanca ligada.

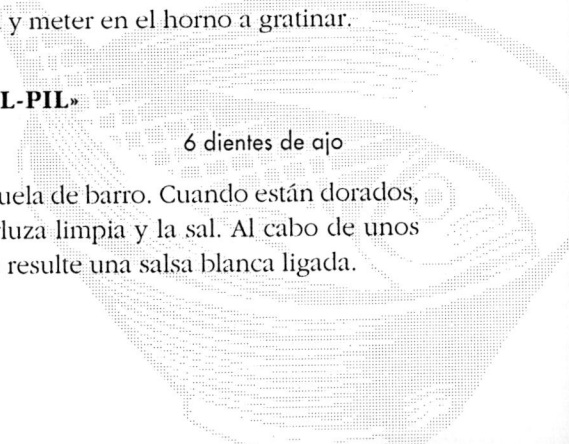

MERLUZA RELLENA

1 cola de merluza de 800 g
50 g de aceitunas
1 vaso de vino blanco
1 lata de atún en escabeche
perejil picado
50 g de jamón

patatas
salsa de tomate
1 huevo
1 limón
pan rallado

Sacar la espina de la merluza, ya sin cabeza, limpiarla bien y rellenar con una pasta hecha de jamón picado, aceitunas deshuesadas y picadas, atún, el huevo cocido picado y tres cucharadas de salsa de tomate.

Si hace falta se cose la merluza, se hacen unos cortes por encima en los que se ponen rodajas de limón y mucho jugo, se espolvorea con pan rallado y perejil y se pone en una fuente de hornear con aceite, el vino y sal. Meter en el horno hasta que esté cocida.

Se puede servir acompañado de salsa vinagreta y con guisantes alrededor.

MERLUZA SANTURCE

Hervir en un caldo corto unas rodajas gordas de merluza, o una merluza entera, abierta sin espina. En el último momento, freír en aceite ajos picados y ñoras. Añadir un chorro de vinagre, taparlo un momento, y verterlo encima de la merluza.

MERLUZA EN SALSA

6 rodajas de merluza
1 cucharada rasa de harina
pimienta
1 vasito de vino

1 pimiento verde
2 dientes de ajo
perejil
1/2 cebolla

Poner media taza de aceite en una cazuela de barro, encima de un difusor, y sofreír el pimiento cortado en trozos, la cebolla picada y los ajos cortados en láminas sin que se quemen. Añadir la harina para que se dore y la pimienta con un poco de sal. Agregar el vino y dejar hervir un momento. Echar un vaso de agua, esperar a que hierva e incorporar la merluza. Tapar la cazuela y cocer de siete a diez minutos moviendo la cazuela de vez en cuando, con movimientos de vaivén.

Servir muy caliente en la misma cazuela.

MERLUZA A LA VASCA

4 rodajas gruesas de merluza
150 ml de aceite bueno
2 dientes de ajo
1 cucharada de harina
1 lata pequeña de espárragos

1 limón
200 g de almejas
200 g de guisantes
perejil

Aplastar los ajos y picarlos muy finos. El perejil también se pica (unas dos cucharadas).

Lavar las almejas en varias aguas y ponerlas en un cazo al fuego con una pizca de agua hasta que se abran.

La merluza se sazona con sal y limón.

En una cazuela de barro, poner el aceite y cuando está caliente echar los ajos y el perejil. Remover y sin dejar que se dore, añadir la harina y al cabo de un momento, dos vasos de agua.

Cuando está todo ligado se ponen las rodajas de merluza encima y se tapa la cazuela. Se deja cocer suavemente unos minutos y se va sacudiendo la cazuela, siempre en la misma dirección, hasta que esté cocido el pescado. Si queda muy espesa la salsa se puede añadir un poco de agua de cocer los guisantes. Un momento antes de servir, poner las almejas, los guisantes hervidos y los espárragos, rectificando de sal si hace falta. No debe cocer más de diez minutos.

También se puede adornar con rodajas de huevos cocidos.

FLAN DE MERLUZA - 1

600 g de merluza
nuez moscada
mantequilla

2 huevos
1/2 cebolla
mayonesa

La cebolla se pica fina y se sofríe muy despacio con un poco de aceite.

La merluza se hierve con poca agua, se le saca la piel y las espinas, se desmenuza y se mezcla con el sofrito de cebolla, los huevos batidos y las especias. Se vierte en un molde untado con mantequilla y pan rallado y se mete en el horno a baño María hasta que esté cocido.

Servir cubierto de mayonesa o salsa de tomate.

FLAN DE MERLUZA - 2
(6 personas)

500 g de merluza
400 g de tomates
pan rallado

4 huevos
1 cebolla

La cebolla se pica fina y se sofríe lentamente con un poco de aceite hasta que esté bastante dorada.

Los tomates se sofríen con poco aceite hasta que estén bien blandos, y se pasan por el pasapurés. También se puede utilizar salsa de tomate ya hecha. Un cucharón.

El pescado se hierve en poca agua, se le saca la piel y las espinas y se desmenuza. Se mezcla con la cebolla, se añade sal y pimienta y se remueve un poco con fuego suave.

Fuera del fuego se añaden los huevos batidos y el tomate frito o la salsa de tomate, y se vierte en un molde, previamente untado con aceite y pan rallado. Se mete en el horno al baño María hasta que esté cocido. Al meter un palillo en el centro del pastel debe salir limpio.

Se sirve frío o caliente, cubierto de mayonesa y adornado con lechuga picada y aceitunas.

También puede adornarse con gambas o langostinos hervidos y poner algunos trocitos en la mezcla de pescado.

PESCADO COSTA BRAVA

4 trozos de pescado	1 cebolla
2 tomates	perejil
azafrán	ajo

La cebolla se corta en rajas muy finas y se pone a freír con el tomate rallado, ajo y perejil en una cazuela de barro.

Tostar el azafrán, machacarlo y disolverlo en un vaso de agua caliente.

Cuando el sofrito esté hecho, añadir el pescado crudo y el agua con el azafrán, dejándolo cocer unos ocho o diez minutos. Servir enseguida.

PESCADO FÁCIL

4 rodajas pescado	1 cebolla
perejil	harina
1 huevo	vino blanco

El pescado puede ser merluza, rape, pescadilla, etc.

Se reboza con harina y huevo y se fríe muy poco.

En el mismo aceite se fríe la cebolla y bastante perejil. Cuando está un poco dorado se echa una cucharadita de harina, se dora y se añaden los trozos de pescado, un vaso de agua hirviendo, sal y un chorrito de vino.

Dejar cocer unos diez minutos.

FILETES DE PESCADO AL HORNO

pescado en filetes	1 cebolla
1 pimiento verde	jerez
salsa de tomate	perejil
limón	

Poner la cebolla y el pimiento en rodajas en una fuente con sal, pimienta, aceite y un chorrito de jerez. Meter en horno fuerte, tapado.

Cuando está muy hecho, añadir salsa de tomate y los filetes del pescado que se quiera, limón y perejil. Se mete cinco minutos más en el horno.

El sofrito también se puede hacer en el fuego y al poner la salsa de tomate y el pescado, meterlo en el horno.

FILETES DE PESCADO ORLY

filetes de pescado	huevo
pan rallado	1 limón

Puede hacerse con lenguado, rape, merluza o gallos.

Se cortan filetes de unos ocho centímetros de largo por uno y medio de ancho. Se sazonan con sal y se rebozan con huevo batido y pan rallado. Freírlos en abundante aceite muy caliente.

Servir enseguida adornando la fuente con rodajas de limón.

Se pueden acompañar de salsa de tomate y salsa mayonesa.

PULPITOS
(2 personas)

400 g de pulpitos	1 tomate
1 cucharada de jerez	2 cebollas

Los pulpitos, bien limpios, se ponen a cocer con las cebollas cortadas en rodajas finas, el tomate, el jerez, sal y pimienta hasta que esté la cebolla dorada y los pulpitos tiernos.

RAPE CON SALSA DE ALMENDRAS

6 rodajas de rape	1 cebolla
5 almendras crudas	perejil
1 cucharada rasa de harina	ajo
2 tomates	

Hacer un sofrito con la cebolla, el tomate, el perejil y el ajo. Cuando está dorado añadir la harina y un vaso de agua y se deja que hierva veinte minutos. Añadir el pescado crudo, y un poco de agua caliente si hace falta y dejar hervir diez minutos más.

Picar las almendras en el mortero, añadir un poco de agua y echar al pescado dejándolo cocer un poco más.

Se puede hacer una mayonesa y mezclarla.

Se recomienda hacerlo en cazuela de barro.

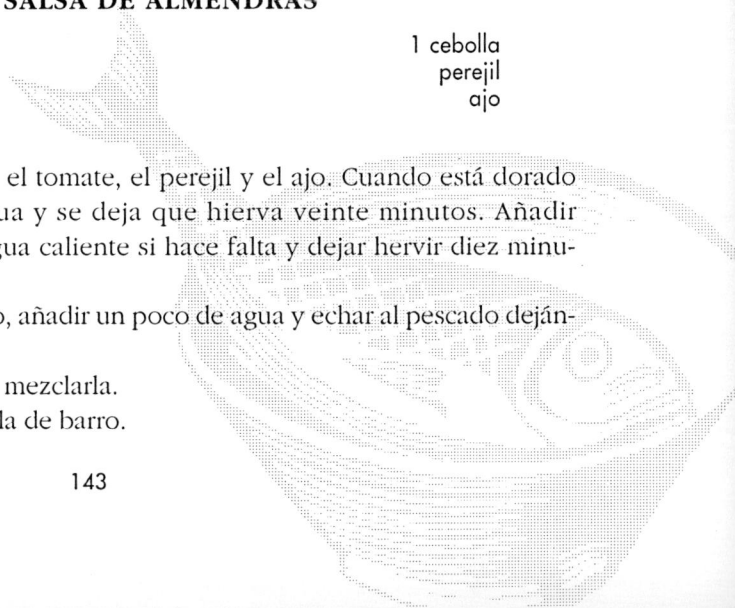

RAPE A LA AMERICANA
(6 personas)

1 kg de rape
1 cebolla pequeña
1/2 puerro
1 copita de coñac
1 vaso de vino blanco
100 g mantequilla
1 cucharada de harina

2 yemas de huevo
150 g de gambas
1 zanahoria
1 escalonia
mostaza
300 g de tomates

El rape cortado en medallones se pone en una fuente con sal, el vino y trocitos de mantequilla. Se mete en el horno, tapado, durante diez minutos. Tiene que quedar más bien crudo.

Las gambas se fríen en 50 g de mantequilla y un poquito de aceite, cinco minutos. Se echa el coñac y se enciende.

Cuando se apaga, se sacan las gambas, y en la misma grasa se sofríe la cebolla, escalonia, zanahoria y puerro muy picaditos. Cuando se dora, se añaden los tomates cortados en cuartos y los caparazones y cabezas de las gambas. Se deja cocer un cuarto de hora.

Sacar las cabezas de las gambas y pasarlas con un poco de agua por una trituradora, y después, pasarlo por el chino a una cazuela.

El sofrito se pasa por el pasapurés y también se pone en la cazuela.

El líquido que suelta el rape al cocer en el hornear, también se pone en la cazuela y se añade una cucharada de harina, disuelta en un poco de agua, dejándolo cocer un cuarto de hora.

Los trozos de rape se colocan en una fuente de hornear, y en el último momento se disuelven dos yemas de huevo y una cucharadita de mostaza en un poco de salsa y se añaden al resto de la salsa, que debe estar muy caliente. Se disuelve también un trozo de mantequilla en la salsa y se cubre el pescado, metiéndolo cinco minutos en el horno muy caliente. Se guarda salsa para servir en salsera. Acompañar de arroz blanco.

RAPE A LA CATALANA

800 g de rodajas de rape
2 dientes de ajo
6 almendras tostadas
1 copita de vino

1 cebolla
4 tomates
canela

Picar en el mortero los ajos, la cebolla y las almendras. Cuando está bien molido espolvorear con canela y pimienta.

Los tomates se hierven, se pasan por el chino y se mezclan con lo del mortero y el vino. Se echa de golpe en una cazuela de barro cuando el aceite esté muy caliente. Se remueve dos o tres veces para que se dore uniformemente, se añaden los trozos de rape con sal y se deja cocer un poco.

Antes de echar el rape a la salsa, se pueden poner unas patatas hervidas para que cojan gusto.

RAPE AL HORNO

500 g de rape	1 cebolla
1 pimiento	3 tomates
pan frito	perejil
harina	

Cortar el rape en filetes, rebozarlos en harina y freírlos.

En el mismo aceite, dorar la cebolla y el pimiento, añadir los tomates rallados, una rebanada de pan frito y perejil picado. Cuando haya cocido diez minutos, ponerlo sobre el rape en una bandeja de hornear, y meterlo en el horno alrededor de quince minutos.

RAPE A LA MARINERA

500 g de rape	1 limón
1 vaso de vino blanco	1 cebolla
500 g de mejillones	500 g de chirlas
salsa de tomate	perejil
1 cucharada de harina	30 g de mantequilla
arroz	

En un cazo poner el vino, la cebolla cortada en rodajas finas, una rama de perejil, los mejillones, las chirlas, sal y un vaso de agua. Cocerlo diez minutos y colar el caldo. En el caldo, poner el rape cortado en filetes, dejar cocer cinco minutos y apagar el fuego, dejando el rape en el caldo hasta que esté cocido. Poner el rape en una bandeja.

Con el caldo, dos cucharadas de harina y la mantequilla hacer una salsa, que se deja hervir un cuarto de hora. Al final se le añaden dos cucharadas de salsa de tomate y se cubre el pescado.

Adornar con los mejillones, chirlas y arroz blanco.

RAPE OLIVER

600 g de rape	lechuga
2 patatas	1 tomate
perejil	estragón

El rape debe estar cortado fino y en medallones. Se cuece al vapor o metiéndolo en agua que lo cubra y cuando empieza a hervir, apagar el fuego y dejar que se termine de cocer con el calor del agua.

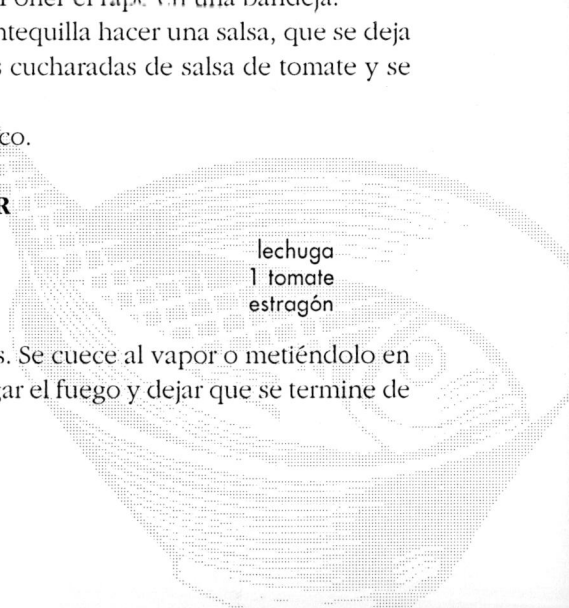

Las patatas se cortan en rodajas finas y se hierven.

Los tomates, rojos y fuertes, se pelan, se cortan en trocitos pequeños y se sacan las pepitas.

La lechuga se corta en juliana.

Es mejor prepararlo en platos individuales. En el centro se pone un lecho de lechuga y encima un poco de patata mezclada con trocitos de tomate. Se ponen por encima dos cucharadas de salsa vinagreta hecha con aceite de oliva, vinagre, sal, pimienta y perejil picado.

El rape, al que se le habrá quitado bien la piel, se pone encima de la patata con otra cucharada de vinagreta. Poner muy poco vinagre, casi que no se note. Espolvorear con estragón.

El rape debe estar tibio y lo demás a temperatura ambiente. No debe ponerse en la nevera.

SALMÓN EN «PAPILLOTE»

4 rodajas de salmón	1 limón
salsa tártara	estragón

Cortar cuatro cuadrados de papel de aluminio. Poner una rodaja de pescado encima de cada papel. Rociarlos con zumo de limón y sazonarlos con sal, pimienta y un poco de estragón. Cerrar cada papel como si fuera una bolsa y meter en el horno a temperatura moderada. Tarda unos diez minutos en hacerse.

Se puede servir en el mismo papel después de comprobar que el salmón está cocido, y sacando el agua que suelta.

Acompañar con salsa tártara y patatas al vapor o guisantes hervidos.

SALMONETES A LA PROVENZAL

4 salmonetes grandes	1 limón
200 g de tomates	1 cebolla
perejil	harina
azafrán	

Limpiar los salmonetes y sazonar con sal y zumo de limón. Se pasan por aceite y harina y se fríen, poniéndolos luego en una fuente de hornear.

En el mismo aceite, colado, sofreír la cebolla picada muy fina sin que llegue a dorarse. Añadir una taza de agua y el tomate pelado y picado pequeño, pimienta y un poco de azafrán. Dejar cocer media hora.

Cubrir el pescado con esta salsa y meter en horno fuerte diez minutos.

Al sacarlo se le pone perejil picado y un chorrito de limón.

SEPIA CON GUISANTES
(2 personas)

1 sepia	vino blanco
500 g de guisantes	1 cebolla
1 diente de ajo	laurel

Limpiar y cortar la sepia en trozos. Se pone en una cazuela de barro con aceite, la cebolla cortada en aros finos y el ajo picado, una hoja de laurel y un chorrito de vino. La sal no se pone hasta el final porque endurecería la sepia. Cocer a fuego suave, tapado. Si se seca demasiado se añade agua.

Cuando falta poco para finalizar la cocción, se añaden los guisantes hervidos de antemano. Si son congelados se pueden poner en crudo.

TRUCHAS A LA CREMA

4 truchas	50 g de mantequilla
400 ml de crema de leche	1 cucharadas de extracto de carne

Lavar las truchas y salarlas. Ponerlas en una sartén con la mitad de la mantequilla y un poco de aceite y dejar que se frían despacio. Luego ponerlas en una fuente de hornear untada con mantequilla.

Con la crema de leche, extracto de carne, sal y pimienta hacer una mezcla y echarla por encima de las truchas. Meterlas en el horno un cuarto de hora para que se doren.

TRUCHAS CON ALMENDRAS

Freírlas como las truchas a la crema.

Cortar almendras crudas peladas en tiritas y freírlas con un poco de aceite y sal. Echarlas por encima de las truchas y servir enseguida.

ZARZUELA
(6 personas)

300 g de salmonetes	4 paquetes de azafrán
1 kg de mejillones	500 g de calamares
1 kg de gambas	500 g de rape
4 cucharadas de puré de tomate	100 g de harina
400 g de aceite	1 cebolla grande
3 dientes de ajo	pimentón

Limpiar el pescado, cortarlo en trozos no demasiado pequeños, pasarlo por harina y freírlo dejándolo un poco crudo.

En el mismo aceite, después de colado, se fríe la cebolla picada fina y muy lentamente. Cuando se dora, añadir los ajos picados, el pimentón y el tomate.

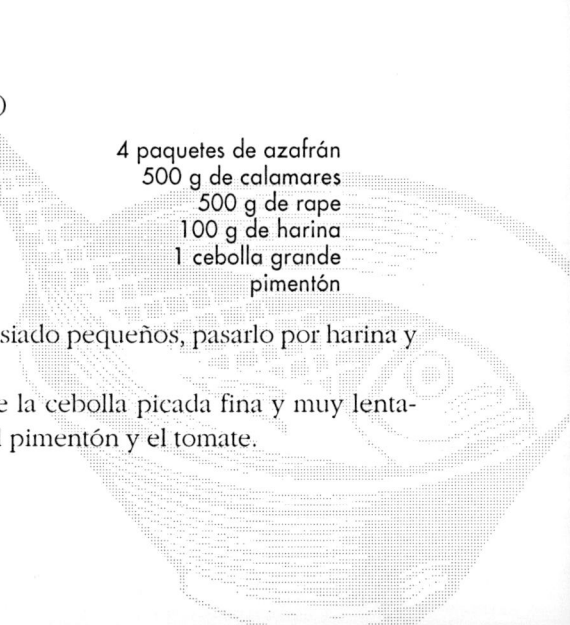

Pasados cinco minutos se añade el azafrán tostado y triturado, una taza de agua, sal y pimienta. Dejar cocer cinco minutos más y echar sobre el pescado que habremos colocado en una cazuela de barro.

Los mejillones, hervidos, y sólo con una valva se ponen alrededor de la cazuela que meteremos en el horno fuerte durante diez minutos.

Al servirlo se espolvorea con perejil picado y se adorna con rodajas de limón y triángulos de pan frito.

Acompañar de arroz blanco.

CARNES

Para hacer carne a la parrilla, o en sartén, se pone ésta en el fuego con el fondo pintado de aceite. Cuando está muy caliente se pone la carne. El tiempo de cocción depende del grosor de la carne y de cómo guste a cada persona. Pero siempre darle la vuelta solamente una vez. La sal se pone al sacarla del fuego.

Los trozos más adecuados para:

Asados: *Redondo, pez de espalda.*

Caldos: *Costillar, pecho, rabo, brazuelo, morcillo.*

Estofados: *Aguja, revés de espalda, pescuezo, morcillo.*

Parrilla o fritos: *Solomillo (filete), lomo bajo, tapa, culata, babilla, cadera, aguja.*

Rebozados: *Tapa, contraplana, aleta, redondo.*

Rosbif: *Lomo bajo, tapa, solomillo (filete).*

Con sobras de carne se pueden hacer croquetas o empanadillas, añadiendo cebolla frita y algo de jamón picado.

El pollo, además, se puede aprovechar para hacer ensaladas.

ALBÓNDIGAS

500 g de carne picada	1 huevo
pan rallado	harina
1 rebanada de pan	ajo
4 almendras tostadas	1/2 cebolla
2 tomates	perejil

La carne se mezcla con el huevo batido, sal, ajo picado, pimienta, una cucharada de pan rallado, y perejil.

Al cabo de media hora se hacen bolitas del tamaño de una nuez con las manos, se envuelven en harina y se fríen en aceite hasta que estén bien doradas.

En el mismo aceite, una vez colado, se fríe la rebanada de pan. Se pica éste en el mortero con las almendras y algo de perejil, y se mezcla con un poco de agua.

El aceite se vuelve a colar y en él se hace un sofrito con la cebolla picada. Cuando está muy dorada se añaden los tomates y se dejan sofreír hasta que estén muy cocidos. Se añade un vaso de agua y la picada del mortero y se deja hervir cinco minutos. Se pasa por el chino, se pone en una cazuela con las albóndigas y un poco más de agua si hace falta, y se deja cocer tapado un cuarto de hora. Se añaden zanahorias en cuadraditos y guisantes, las dos cosas hervidas de antemano, y se deja cocer un poco más.

También se pueden añadir patatas fritas en dados, o servirlas aparte.

Para hacerlas más rápido se puede suprimir la picada de almendra y el pan frito; también quedan buenas.

Un chorrito de vino blanco les da muy buen sabor.

ALBÓNDIGAS CASTELLANAS

250 g carne de ternera	2 huevos
250 g carne de cerdo	perejil
leche	pan
1 cebolla	vino
ajo	

Un trozo de miga de pan, del tamaño de una nuez, se remoja en leche y se mezcla a las dos carnes con los huevos un poco batidos, el perejil picado, la pimienta y la sal, amasándolo todo bien.

Al cabo de un rato se forman bolitas, se rebozan con harina y se fríen.

En el mismo aceite, colado, se hace un sofrito con la cebolla cortada fina, un diente de ajo, perejil, sal y pimienta. Cuando está dorada la cebolla, se añade un vaso de caldo o agua y algo de vino. Se deja cocer un momento y se pone en una cazuela con las albóndigas para que cueza media hora a fuego lento. Rectificar de sal si hace falta.

PICADILLO DE CARNE

500 g de carne picada	puré de patata
1/2 vaso de caldo	1 cebolla
125 g de champiñones	1 tomate
extracto de carne	perejil

Picar la cebolla, cortar los champiñones en láminas y freír ambas cosas en un poco de aceite hasta que estén tiernos.

Añadir la carne picada y cuando esté rehogada, agregar el caldo, el extracto de carne, la sal y pimienta. Dejarlo cocer tres minutos.

Colocar este picadillo en platos individuales y adornarlo con puré de patata alrededor y una rodaja de tomate encima.

Dorarlo en el horno y adornarlo con perejil.

BUEY «BOURGUIGNON»
(6 personas)

800 g de culata de buey	50 g de mantequilla
100 g de tocino fresco magro	1 kg de cebollitas
1/2 l de vino tinto	laurel
1 cucharada de harina	tomillo
2 terrones de azúcar	

En la mantequilla y un poco de aceite, dorar las cebollitas y reservarlas en un plato.

La carne, cortarla en trozos de cuatro centímetros, salpimentarla y ponerla a dorar en la misma grasa de las cebollitas, junto con el tocino cortado. Cuando está todo dorado echar una cucharada de harina, remover un poco y añadir el vino, las cebollitas, el laurel, el tomillo y los dos terrones de azúcar. Dejar cocer despacio y tapado un par de horas revolviendo de vez en cuando. Añadir algo de agua o caldo si hace falta.

Si se hace con ternera, una hora de cocción es suficiente.

Servir con arroz blanco.

CARNE CON ACEITUNAS

500 g de tapa o contraplana muy fina   100 g de aceitunas
1 zanahoria   1 cebolla
1 copa de vino blanco   puré de tomate
1 diente de ajo   harina
laurel   tomillo

La cebolla y la zanahoria se pican y se sofríen con el ajo. Cuando está dorado se añade el tomate (unas tres cucharadas), el vino, una cucharada de harina y un vaso de agua. Se deja cocer despacio diez minutos, se pasa por el chino y se añade la carne, laurel, tomillo, pimienta y un poco de sal. Se deja cocer media hora, añadiendo agua si hace falta y las aceitunas deshuesadas y cortadas.

Tener cuidado con la sal porque las aceitunas llevan mucha.

CARNE EMPANADA

Unas lonjas finas de tapa o contraplana se limpian de nervios y grasa, se sazonan con sal y se pasan por huevo batido y pan rallado. Aplanarlas mucho con la mano para que no caiga el pan rallado y freírlas en abundante aceite muy caliente.

CARNE ENCEBOLLADA

500 g de carne   1 diente de ajo
1 vasito de vino rancio o de Oporto   perejil
1 clavo   harina
2 cebollas

Cortar la carne en lonchas finas, pasarlas por harina y sofreírlas en un poco de aceite. Añadir la cebolla cortada pequeña, un vaso de agua y todo lo demás. Tapar y cocer a fuego muy lento hasta que la cebolla esté tierna. Añadir agua si hace falta. Pasar la salsa por el chino. Debe quedar espesa.

Servir con arroz blanco.

CARNE RELLENA

6 lonjas finas de carne
1 pimiento rojo asado o de lata
salsa de fricandó (*V. página 152*)

1 huevo duro
100 g de jamón
harina

Las lonjas de carne deben ser de tapa o contraplana.

Se rellenan, como un canelón, con el jamón y el pimiento cortados en tiritas y con el huevo duro picado. Se cierran con palillos, se pasan por harina y se fríen.

Hacer una salsa como la del fricandó (se pueden suprimir las setas) y dejar hervir los rollitos en ella media hora. Sacar los palillos y servir.

«CARPACCIO»

solomillo de ternera
queso de Parma

pepinillos
limón

Cortar el solomillo medio congelado para que quede finísimo.

Aliñar por encima con aceite de oliva, pimienta negra, limón y sal. Adornar con virutas de queso de Parma y pepinillos.

Preparar en el último momento o cubrir con film transparente.

ESCALOPAS M. CARMEN

300 g de contraplana
salsa de tomate
queso Gruyère

pan rallado
1 huevo
orégano

La carne se corta en lonchas muy finas, se pule bien, se reboza con huevo y pan rallado y se fríe vigilando que no se ricen los bordes.

Encima de cada trozo se pone una capa de salsa de tomate, una loncha de queso, otra capa de salsa de tomate, orégano y un hilo de aceite de oliva. Se mete diez minutos en el horno.

FRICANDÓ - 1

500 g de carne
1 diente de ajo
canela
caldo
1 copita de vino blanco

50 g de *moixernons* (o setas secas)
1 cebolla
1 limón
harina

La carne puede ser contraplana o cualquier otro trozo que sirva para cortar en lonchas finas. Se ponen éstas a macerar en aceite, sal, canela y un chorrito de limón, una hora antes de cocinar.

Se rebozan muy ligeramente con harina y se fríen un poco.

En una cazuela de barro sofreír la cebolla muy picada y un diente de ajo también picadísimo. Cuando la cebolla comienza a dorarse añadir las setas, lavadas y puestas en remojo un rato, y dejar cocer un momento. Añadir la carne, un poco de vino blanco y un poco de caldo, dejándolo a fuego suave un par de horas. En el último momento, si está demasiado claro se pone a fuego fuerte para que reduzca el caldo.

FRICANDÓ - 2

500 g de contraplana fina	2 tomates
75 g de *moixernons* (o setas secas)	2 galletas María
1 vaso de vino blanco	laurel
6 almendras tostadas	tomillo
perejil, apio	harina
caldo o agua	ajo
1 cebolla	

Pasar la carne por harina y dorar en aceite. En el mismo aceite, dorar la cebolla picada, añadir el tomate rallado y las hierbas, dejar cocer diez minutos y añadir el caldo o agua, el vino y la carne.

Los *moixernons* se habrán tenido en remojo una hora, se escurren, se saltean en una sartén con ajo picado y un poco de aceite y se añaden a la carne. Debe cocer una hora lentamente y tapado.

En el último momento se añade una picada hecha con las galletas, almendras y sal.

«PAUPIETTES» A LA ITALIANA

6 escalopas finas	4 tomates
100 g de queso de Gruyère	6 cebollitas
6 lonjas de jamón	laurel
1 vaso de vermut	

Encima de cada escalopa (trozo de carne como para rebozar) poner una lonja de jamón y una de queso de Gruyère fina. Sazonarlas con pimienta, envolverlas y fijarlas con palillos. Dorarlas en dos cucharadas de aceite con una hoja de laurel. Añadir las cebollitas y los tomates pelados y cortados en trocitos sin pepitas. Mojar con el vermut, tapar y dejar cocer veinte minutos.

Sazonar con sal, si hace falta, y servir acompañado de patatas avellana.

SALTIMBOCA A LA ROMANA

500 g de contraplana	1 pastilla de caldo
jamón serrano	laurel fresco
hierbas de Provenza	limón
1 vasito de vino	harina
una cucharadita de maicena	

Cortar la carne en lonjas muy finas, pulirla bien, rebozarla en harina y encima de cada trozo poner una lonja de jamón y una hoja de laurel. (El laurel, mejor si es fresco.) Se sujeta con palillos y se fríe un poco por los dos lados. Se ponen en una fuente y se conserva caliente.

Con el aceite sobrante y los demás ingredientes, hacer una salsa añadiendo un vaso de agua y cociendo diez minutos. Verter muy caliente encima de la carne y servir enseguida.

ESTOFADO DE TERNERA - 1

500 g de carne	azúcar
500 g de patatas	2 tomates
8 cebollitas	150 g de zanahorias
laurel	250 g de guisantes
perejil	tomillo
ajo	sal

Las cebollitas se pelan (escaldándolas) y se rehogan con un poco de aceite.

Las patatas y zanahorias se cortan en trocitos.

La carne, de espalda o de algún trozo meloso para estofar, se corta en trozos cuadrados de unos tres centímetros, se sazona con sal, pimienta y una pizca de azúcar y se ponen a dorar en una cazuela con 150 ml de aceite, dándole vueltas para que se dore por todos lados. Espolvorear con una cucharada de harina, removiendo para que no se pegue, y cubrir la carne con medio litro de agua templada, añadir un diente de ajo aplastado, los tomates rallados, sal y las hierbas. Tapar y dejar hervir a fuego lento media hora.

Se añaden las cebollitas y las zanahorias, se saca el diente de ajo y el laurel y se deja cocer a fuego lento, tapado, hasta que casi estén hechas las verduras. Entonces se añaden los guisantes y se deja hervir diez minutos más.

Se fríen las patatas en abundante aceite y se sirven acompañando la carne.

ESTOFADO DE TERNERA - 2

500 g de carne en trozos	2 cebollas
4 zanahorias	laurel

Se cortan las cebollas en rodajas muy finas y las zanahorias en juliana y se rehogan por separado sin dejar que se doren mucho. Cuando están las dos cosas cocidas se mezclan en una cazuela, se añaden los trozos de carne, laurel, sal, pimienta y se cubre con agua o caldo. Se tapa y se deja cocer a fuego lento hasta que la carne esté tierna, unos tres cuartos de hora aproximadamente.

ESTOFADO DE TERNERA - 3

500 g de carne en trozos	2 cebollas
1 copa de vino	laurel
300 g de patatas	tomillo

Dorar la carne en una cazuela con un poco de aceite, añadir la cebolla picada y seguir cociendo a poco fuego hasta que la cebolla esté doradita por un igual. Añadir el vino, pimienta y sal. Se cubre con un plato sopero lleno de agua, en la que se pone un ramito de tomillo y dos hojas de laurel.

Si la carne se reseca en la cocción, se le va añadiendo agua del plato, que siempre debe estar lleno.

Se cortan las patatas en dados y se fríen en abundante aceite. En el último momento se añaden a la carne.

«GULASH»

600 g de morcillo de vaca	1 cebolla
1 cucharada de paprika	1 zanahoria
3 tomates	ajo

Cortar la carne en dados y rehogarla en aceite. Añadir la cebolla cortada en láminas finas, la zanahoria en rodajas y un diente de ajo muy picado y sofreír hasta que empiece a dorarse. Agregar el tomate rallado, sal, y la paprika. (Ésta se puede sustituir por pimentón picante.) Cubrir con agua, tapar y dejar cocer lentamente dos horas.

Acompañar con arroz blanco o espaguetis.

REDONDO DE TERNERA - 1

1 redondo pequeño	1 tomate
1 zanahoria	laurel
1 vaso de vino	tomillo
1 cebolla	

Poner en una cazuela con aceite la carne atada, la cebolla y la zanahoria en trozos. Cuando está bien dorado añadir el tomate, laurel, tomillo, sal, pimienta y agua o caldo. Se deja cocer tapado a fuego lento una hora. Un rato antes de sacarlo del fuego, se le echa el vaso de vino. La salsa se pasa por el chino o pasapurés.

REDONDO DE TERNERA - 2

Se busca una pieza de redondo pequeña y tierna. Se pone a dorar en una cazuela con aceite y mantequilla. Cuando está muy negro se sazona con sal, se baja el fuego, se tapa y se añade un poco de agua si hace falta y una cebolla si se quiere.

En el último momento se echa una copita de coñac. Se cuela la salsa rascando bien el fondo para aprovechar todo lo que se haya pegado.

TERNERA CON CEBOLLA AL CAVA

4 filetes
1/2 l de cava
1 copita de coñac

1 kg de cebollas
mantequilla
mostaza

Cortar las cebollas en aros muy finos y rehogarlas en aceite y un poco de mantequilla a fuego suave hasta que estén cocidas. Verter el cava, agregar una cucharadita de mostaza y sal y dejar cocer diez minutos más.

Sazonar la carne con sal y pimienta y dorarla en aceite muy caliente. Flamearla con el coñac.

Servir sobre la compota de cebolla.

CULATA DE TERNERA

Cortar un trozo grande de culata, como un redondo. Limpiarlo de grasa y nervios, atarlo y ponerlo en una cazuela a dorar a fuego vivo, con una mezcla de aceite y mantequilla. Tiene que quedar muy crudo por dentro. Al cabo de unos ocho o diez minutos se le pone la sal y una copa de coñac.

Se saca el cordel y se sirve entero. Se corta en la mesa.

Acompañar con salsa de champiñones.

TERNERA GUISADA

500 g de espalda de ternera
200 g de zanahorias
250 g de guisantes
1 pastilla de caldo

300 g de patatas
10 cebollitas
harina

Cortar la carne, bien pulida, en tacos, pasarlos por harina y dorarlos en aceite. Añadir las zanahorias cortadas en trozos y las cebollitas, dorar un poco y añadir pimienta, un vaso de agua y la pastilla de caldo. Cubrirlo y dejar cocer lentamente media hora. Añadir las patatas cortadas en cuadraditos y dejar cocer media hora más.

Diez minutos antes de retirarlo del fuego, añadir los guisantes.

TERNERA A LAS HIERBAS

750 g de carne de ternera
50 g de jamón curado
1 vaso de vino tinto
1/2 l de caldo de carne
orégano
pimienta blanca

harina
100 g de aceitunas
250 g de espaguetis
2 zanahorias
1 cebolla
tomillo

Cortar la carne en dados, rehogarla en aceite y añadir las zanahorias cortadas en trocitos y la cebolla rallada. Cuando empiece a dorarse, añadir el tomillo, el orégano, el vino, el caldo, las aceitunas y el jamón picados finos. Tapar la cazuela y dejar cocer unos treinta minutos. Añadir una cucharadita de harina desleída en un poco de salsa y cocer diez minutos más.

Acompañar con los espaguetis cocidos *al dente*.

MEDALLONES DE TERNERA
(6 personas)

800 g de redondo	200 g de pan
50 g de mantequilla	50 g de jamón
600 g de patatas	1 limón
2 zanahorias	1 cebolla
1 lata de trufa	6 alcachofas
1 copita de jerez	laurel
2 cucharadas de salsa de tomate	tomillo
1 pastilla de caldo	

Limpiar bien la carne de pieles y grasa, cortar seis lonjas de un centímetro de grueso y pincharlas con un tenedor por ambos lados para que se ablanden.

En una cazuela, poner la cebolla y las zanahorias picadas, una hoja de laurel y una ramita de tomillo con un poco de aceite. Se sofríe lentamente. Cuando está un poco dorado, se añade la carne y las pieles que le hemos quitado, el tomate y el jerez. Se deja cocer un rato en el fuego, y se acaba la cocción en el horno.

Sacar las pieles y la carne y pasar la salsa por el pasapurés. Se pone al fuego, se añade la pastilla de caldo y la trufa picada, menos seis lonchitas que se reservan.

El pan se corta en rebanadas y se tuesta en el horno.

Las patatas se cortan redonditas y se fríen lentamente con un poco de mantequilla.

Pelar las alcachofas, cortar las puntas, frotarlas con limón y echarlas en agua hirviendo, con unas gotas de limón. Cocerlas hasta que estén tiernas. Se escurren, se rellenan con el jamón muy picado y un poco de mantequilla, y se meten un rato al horno.

Colocar los trozos de pan en una fuente, poner encima las lonjas de carne, cubrirlas con la salsa muy caliente y adornar con las lonchas de trufa. Las patatas se distribuyen alrededor, con las alcachofas.

SOLOMILLO A LA MOSTAZA

1 solomillo de ternera	mostaza
1 copita de coñac	1 limón
1 diente de ajo	mantequilla
crema de leche	

Frotar el solomillo con ajo y untarlo con mostaza, pimienta, zumo de limón y sal. Se deja en adobo con el coñac cuatro o cinco horas como mínimo, dándole vueltas de vez en cuando.

Escurrir la carne y freírla en mantequilla. Cuando está muy dorada, añadir el jugo del adobo y dejar cocer cinco minutos. Sacar la carne. Rascar bien la cazuela para aprovechar todo lo que se ha pegado, añadir crema de leche y la sal que haga falta y cocer un momento. Se sirve en salsera, acompañando la carne cortada en lonjas finas.

FILETES A LA PIMIENTA VERDE

4 filetes gruesos
crema de leche
mostaza

50 g de mantequilla
pimienta verde
coñac

Dorar los filetes en la mantequilla a fuego vivo, dejándolos crudos por dentro. Ponerlos en la fuente de servir, tapados para que no se enfríen.

En la misma sartén poner una cucharada de mostaza, una de pimienta verde, sal, un chorrito de coñac y media taza de crema de leche. Dejar que hierva hasta que espese y cubrir enseguida los filetes.

STEAK TÁRTARO
(1 persona)

150 g de carne picada
1 yema de huevo
1 cucharada de aceite
alcaparras
salsa Worcestershire
mostaza

pimienta
1 cucharada de vinagre
1 cucharada de perejil picado
whisky, sal
cebolla picada

La carne debe ser de calidad extra. Se pone en un bol y se añaden todos los demás ingredientes. Las cantidades del aliño se pueden modificar según el gusto de cada uno. Tanto de cebolla como de alcaparras se suele poner una cucharada rasa.

Se le da buena forma y se pone sobre el plato.

SOLOMILLO CON SALSA DE TRUFA

El solomillo de ternera, bien limpio de grasas, se pone al fuego en una cazuela con mantequilla y aceite. Cuando está bien dorado se añade una copita de coñac y otra de jerez. Se deja cocer cinco minutos más y se saca el solomillo.

A la salsa se le añade trufa picada, el jugo de la lata, sal y pimienta y se sirve en salsera.

La carne se salpimenta, se corta en lonjas finas y se acompaña con verduras hervidas pasadas por mantequilla, y con patatas avellana.

También se puede dejar la carne entera y cortarla en la mesa en lonjas gruesas. Debe quedar muy cruda.

SOLOMILLO CON VERDURAS - 1

Pulir un solomillo de ternera. Los pedazos que se quitan se ponen en una cazuela a dorar con mantequilla y aceite. Añadir cebolla, dorar y añadir tomate. Cuando está todo bien dorado se añade una cucharada de harina, una copa de vino blanco, sal y pimienta y se deja cocer una hora a fuego muy lento. Se sacan los recortes de carne y se pasa la salsa por el chino.

El solomillo se asa en el horno, dejándolo bastante crudo.

Se corta en lonjas finas y se pone en una fuente con la salsa por encima. Alrededor se ponen verduras hervidas y pasadas por mantequilla por separado.

SOLOMILLO CON VERDURAS - 2

1 solomillo de ternera	2 zanahorias
1 cebolla	2 limones
1 vaso de aceite	extracto de carne
1 vaso de coñac	vinagre
hierbas de Provenza	

Poner en adobo el solomillo con el vaso de aceite, el de coñac, las hierbas de Provenza, una cucharada de vinagre y las zanahorias y la cebolla picadas. Dejar toda una noche en la nevera.

Limpiar la carne del adobo y dorarla en una mezcla de aceite y mantequilla. Añadir el adobo, dar unas vueltas y sacar la carne. Seguir sofriendo el adobo hasta que esté cocido y pasarlo por el chino apretando mucho.

Poner el zumo de los dos limones en la cazuela para recoger todo lo que ha quedado negro. Añadir un poco de agua y una cucharada de extracto de carne y echar lo que hemos pasado por el chino. Dejar que dé unos hervores y servir en salsera.

La carne se corta en rodajas y se acompaña con calabacines hervidos cortados a tres dedos de altura, vaciados y rellenos con bechamel y jamón picadito. Se gratinan con un poco de queso. Se ponen derechos alrededor de la carne.

SOLOMILLO CON VERDURAS - 3

1 solomillo de ternera
1 cebolla
6 granos de pimienta negra
1 diente de ajo
sazonador italiano
1 vaso de vino tinto
1 vaso de vino blanco
1 loncha de jamón
harina
3 clavos

1 zanahoria
1 puerro
3 hojas de laurel
tomillo
hierbas
vinagre
cebollitas francesas
champiñones
caldo

Frotar el solomillo con ajo y sal. Ponerlo en adobo veinticuatro horas con rodajas de cebolla, zanahoria y puerro, la pimienta negra, tres clavos, tres hojas de laurel, tomillo, sazonador italiano, todas las hierbas que se quiera, una tacita de vinagre y un chorro de aceite.

Transcurrido el tiempo de adobo, se escurre bien y se seca con un trapo.

El jamón se corta en cuadraditos, se rehoga en aceite y se saca. Se pone el filete, y cuando está dorado se añaden las verduras del adobo, secas, y un poco más de cebolla. Al cabo de un cuarto de hora sacar el solomillo y seguir rehogando las verduras. Añadir dos cucharadas de harina, tostarla bien, y añadir un vaso de vino tinto, uno de vino blanco y dos cucharones de caldo. Hervir media hora destapado, lentamente, y pasarlo por el pasapurés.

Las cebollitas se cuecen lentamente con aceite y un poco de agua.

Los champiñones, cortados en grandes trozos, se rehogan y se mezclan con el jamón.

La carne, cortada en lonjas, se coloca en el centro de una fuente. En un lado se ponen los champiñones y en el otro las cebollitas. Se cubre con un poco de salsa muy caliente y el resto se sirve en salsera.

PEPITOS

Freír unos panecillos pequeños por un lado. En el centro se pone el filete (solomillo), o carne muy tierna, hecho a la plancha y mostaza.

ROSBIF - 1

Se toma un solomillo entero de ternera, se unta con sal, pimienta, mantequilla, ajo, perejil picado y tres copitas de vino blanco. Se deja en adobo cuatro horas como mínimo y después se pone diez minutos en el horno muy caliente.

ROSBIF - 2

Se toma un trozo de lomo bajo de ternera, se le quita el hueso y se ata con cordel. Se unta con sal, pimienta y un poco de zumo de limón. Se pone a dorar a fuego vivo con aceite o manteca.

Cuando está dorado se le echa una copa grande de jerez, se tapa y se deja cocer a fuego lento un cuarto de hora. Se destapa y otra vez a fuego vivo cinco minutos. Tiene que quedar rosado por dentro.

ROSBIF - 3

Se toma un trozo de lomo bajo de ternera o buey, se deshuesa, se frota con ajo y pimienta y se pone en una fuente en adobo con un poco de aceite y una copita de jerez, durante unas horas.

Luego se mete en horno fuerte con un poco de mantequilla, y antes de terminar la cocción se le añade el jugo del adobo.

Se puede hacer en cazuela. No tarda más de quince minutos si se quiere rosado por dentro. Sazonar con sal.

Acompañar con patatas al horno.

SOLOMILLO EN HOJALDRE

1 solomillo de ternera o buey	mantequilla
masa de hojaldre	salsa de Oporto

Atar el solomillo y salpimentar. Se dora en mantequilla y aceite y se deja enfriar. Con la grasa que queda hacer la salsa de Oporto.

La masa de hojaldre se estira con el rodillo encima de un papel de aluminio untado con mantequilla. Se coloca en medio el solomillo y con la ayuda del papel de aluminio se cubre todo bien apretado.

Adornar con recortes de masa, pintar con yema de huevo disuelta en un poco de leche y meter en el horno con el papel de aluminio, hasta que la masa esté cocida. En el último momento se saca el papel y se deja dorar un poco.

Se acompaña con salsa de Oporto.

CORDERO AL HORNO

1 pierna de cordero	1 cebolla
1 cabeza de ajos	1 tomate
coñac	vinagre
1 cucharada de azúcar	

Poner la pierna de cordero en una fuente de hornear con la cebolla, el tomate y los ajos; todo entero. Se echa un vasito de coñac, un chorro grande de aceite, bastante sal, pimienta y agua hasta que quede cubierta. Tapar y cocer a horno fuerte media hora.

Se destapa, se pone un chorrito de vinagre, el azúcar y se deja cocer destapado otros tres cuartos de hora.

JAMÓN AL OPORTO

4 lonjas de jamón en dulce	puré de espinacas
vino de Oporto	azúcar
un trocito de cebolla	mantequilla
caldo	harina

El jamón, cortado en lonjas de medio dedo, se cubre con azúcar y se quema. Se tiene que hacer en el último momento porque el caramelo al cabo de un rato se deshace.

Sofreír en mantequilla un trocito de cebolla rallada. Añadir una cucharadita de harina, remover y añadir un vaso de vino de Oporto, sal, pimienta y un poco de caldo (puede ser de pastilla) dejándolo cocer diez minutos. Se cuela y se echa sobre el jamón.

Se sirve acompañado de puré de espinacas.

JAMÓN CON PIÑA

Poner lonchas gruesas de jamón en una fuente de hornear. Se rocían con mantequilla y azúcar. Se colocan rodajas de piña alrededor y se meten diez minutos en el horno.

JAMÓN ENTERO CON PIÑA
(8 personas)

Medio jamón en dulce de buena calidad se pincha con una aguja de hacer media y se rocía con el jugo de una lata de piña.

La piña se coloca por encima y por los lados sujetada con palillos. Rociar con seis cucharadas de azúcar y meterlo en el horno fuerte. De vez en cuando rociarlo con el jugo de la piña. Sacarlo del horno cuando esté un poco quemado.

CHULETAS DE CERDO AL HORNO

Se toman las chuletas en un trozo entero. Se les da unos cuantos cortes cerca del hueso para hacer las separaciones.

Frotar la carne con sal, pimienta, orégano, tomillo y clavo y poner en una cazuela; se añade zumo de limón y vino blanco; y se deja en adobo cuantas más horas mejor. Se le va dando vueltas y echando jugo por encima. Una hora antes de cocerla se le pone mantequilla.

Meter en el horno y dejar cocer aproximadamente una hora, dándole vueltas de vez en cuando.

Cuando se saca del horno, adornar cada hueso con unos flecos de papel de seda o de aluminio. Se pone derecho en una tabla de madera con limones cortados por la mitad que ayudan a que se aguante. La tabla se puede poner en una bandeja.

Se corta en la mesa y se acompaña de puré de patata y puré de manzana.

COSTILLAR DE CERDO AL HORNO

12 chuletas en un trozo	2 zanahorias
1 cebolla	apio
hierbas aromáticas	vino negro
coñac	jerez
1 cucharada de harina	12 champiñones
un vasito de leche	8 cebollitas
mantequilla	caldo

El costillar se macera durante dos días con la cebolla, las hierbas aromáticas, las zanahorias, el apio, el coñac, el vino negro y el de jerez. Se mete todo en el horno y se va añadiendo agua si lo necesita. Se cuela reservando el jugo de la carne.

Cocer las cebollitas con muy poca agua y mantequilla.

Los champiñones, bien limpios y enteros también se cuecen en mantequilla con unas gotas de agua.

Dorar la harina en el jugo de los champiñones y añadir la leche, el jugo de la carne, las cebollitas y caldo si hace falta.

Dejar cocer diez minutos y servir en salsera acompañando el costillar.

CHULETAS DE CERDO A LA MOSTAZA

Freír las chuletas sólo por un lado y ponerlas en una fuente de hornear con el lado crudo hacia arriba.

Hacer una mezcla con mostaza, crema de leche y queso rallado y poner encima de las costillas. Se meten en horno medio hasta que estén hechas.

El aceite que ha quedado de freír las costillas se mezcla con más mostaza, crema de leche, queso y un chorrito de jerez. Se calienta hasta que espese un poco y se sirve en salsera.

LOMO CON CEBOLLA

600 g de lomo	200 ml de crema de leche
30 g de mantequilla	1/2 kg de cebollas

Cortar las cebollas muy finitas y ponerlas en una cazuela, tapadas, con la mantequilla y un poco de aceite hasta que se pongan blandas y empiecen a dorarse. Entonces, se ponen en el horno con el lomo y la crema de leche hasta que el lomo esté cocido.

Pasar la salsa por una trituradora, cortar el lomo en lonjas finas y servir acompañado de arroz blanco con un poco de salsa por encima y el resto en salsera.

LOMO FRÍO

1/2 kg de lomo	laurel
perejil	tomillo

Poner el lomo entero en una cazuela con una cucharada sopera de sal, laurel, tomillo y agua hasta cubrirlo. Dejarlo en adobo 24 horas.

Hervirlo con la misma agua algo más de una hora. Cuando esté frío cortarlo en lonjas delgadas y adornarlo con perejil.

Se puede acompañar con mayonesa de mostaza.

LOMO DE CERDO AL HORNO

600 g de lomo de cerdo	1 cebolla
40 g de mantequilla	1 zanahoria
1 vasito de vino blanco	

Poner el lomo en una cazuela con la mantequilla, un chorrito de aceite, el vino, la cebolla y la zanahoria cortadas. Sazonar con sal y pimienta y cocer en el horno o encima del fuego durante una hora aproximadamente.

Pasar la salsa por el chino y cortar el lomo en lonjas.

Se puede acompañar con puré de patata, guisantes u otra verdura.

LOMO CON JUDÍAS

El lomo se corta en lonjas y se fríe en poco aceite, muy caliente, en la sartén. En el mismo aceite se sofríen judías blancas hervidas. También se puede acompañar con setas fritas con ajo y perejil en la sartén.

LOMO AL LIMÓN

Dorar el lomo con mantequilla y aceite. Añadir el zumo de un limón y dos cucharadas de azúcar por kilo de lomo. Cocer en el horno fuerte durante veinte minutos.

LOMO A LA NARANJA

600 g de lomo
50 g de mantequilla
5 cucharadas de azúcar

1 kg de naranjas
puré de patata

Mondar las naranjas, quitarles bien todas las pieles blancas, triturarlas, y mezclar con el azúcar.

El lomo se pone en una fuente de hornear con sal y la mantequilla por encima. Se añaden las naranjas trituradas con el azúcar y se mete en el horno hasta que esté cocido y dorado. (Queda como mermelada de naranja.) Darle vueltas de vez en cuando.

Acompañarlo con puré de patata.

LOMO CON QUESO

Comprar el lomo cortado como para hacer libritos, en lonjas delgadas divididas por la mitad sin llegar a cortarlas del todo. Se pulen bien los bordes y se rellenan con una lonja de queso cremoso. Se sazonan con sal y se rebozan con huevo batido y pan rallado, aplanándolos bien por ambos lados y por los bordes para que queden muy cerrados. Freírlos en abundante aceite.

SOLOMILLO DE CERDO A LA SIDRA

2 solomillos de cerdo
1 cucharada pequeña de harina
1/2 de l de sidra o cava

100 ml de crema de leche
mantequilla

Con 50 g de mantequilla y un chorrito de aceite dorar los solomillos por todos lados. Salpimentar, añadir la sidra y dejar cocer tapado a fuego lento quince minutos. Sacar los solomillos y a la salsa que queda se le añade la harina y se deja cocer un cuarto de hora. En el último momento se añade la crema de leche.

Los solomillos se cortan en lonjas del grueso de un dedo y se ponen a calentar un segundo, derechas, en la salsa.

Acompañar con arroz blanco.

FAISANES CON UVAS

2 faisanes
100 g de mantequilla
1 copita de Calvados
1 vaso de caldo

1 cucharada de harina
2 zanahorias
2 escalonias
1 kg de uvas

Limpiar los faisanes y rellenarlos con algunas uvas peladas. Coserlos y dorarlos en 50 g de mantequilla.

Picar las zanahorias y las escalonias y dorarlas en el resto de la mantequilla poco a poco. Añadir los faisanes, el caldo, sal y pimienta y dejar cocer despacio, tapado, hasta que estén tiernos.

Las uvas restantes, se pelan y se ponen en remojo con el Calvados. Cuando falta poco para terminar la cocción de los faisanes, se añaden a la cazuela.

Se retiran los faisanes y se añade la harina a la salsa, dejándola cocer un cuarto de hora y añadiendo más caldo si hace falta.

En el momento de servir, cortar los faisanes por la mitad, calentarlos con la salsa y ponerlos en una fuente cubiertos con un poco de salsa y las uvas. El resto de la salsa se sirve en salsera.

PAVO DE NAVIDAD

1 pava de 3 kg	250 g de lomo
250 g de salchichas	100 g de orejones
100 g de aceitunas	50 g de piñones
200 g de ciruelas pasas	ajo
1 vaso de vino blanco	perejil

Dar un hervor con agua a los orejones y las ciruelas.

Freír las salchichas y el lomo cortado en tiritas en poco aceite. Salpimentar.

El pavo, bien limpio, se unta por dentro y por fuera con aceite y con una picada de ajo, perejil, pimienta y sal.

Se rellena un lado con lo dulce y el otro con lo salado. Se cose y se mete en el horno unas cuatro horas. A media cocción se le añade un vaso de vino o de jerez. Si hace falta, se va rociando con un poco de agua a medida que va cociendo.

Alrededor se pueden poner cebollitas.

Servir cortado, con el relleno en otra fuente y la salsa en una salsera.

PERDICES CON COLES

2 perdices	1 cebolla
1 zanahoria	2 tomates
1 col verde	harina
100 g de tocino	

Las perdices se ponen en una cazuela con aceite, junto con la cebolla y la zanahoria cortadas. Cuando están doradas se añaden los tomates y se dejan cocer, tapadas, hasta que estén tiernas. Se sacan las perdices y se pasa la salsa por el chino.

Las hojas de la col se hierven en agua con sal, pimienta y el tocino. Se escurren y cuando están frías se hace un fardelillo con cada hoja de col. Se rebozan en harina y se fríen. Se ponen en la cazuela, con las perdices y la salsa, y se deja cocer un ratito a fuego lento.

PERDICES ESTOFADAS - 1
(6 personas)

3 perdices
6 cucharadas de aceite
3 vasos de vino blanco
1/2 vaso de vinagre
2 pastillas de chocolate (optativo)

250 g de cebollitas
3 cebollas
4 zanahorias
laurel

Dorar las perdices en el aceite, añadir los demás ingredientes, las cebollas grandes picadas, las cebollitas enteras, las zanahorias en tiritas finas y el chocolate rallado. Se dejan cocer tapadas herméticamente, durante dos o tres horas a fuego muy lento. Sacar las perdices, las zanahorias y cebollitas enteras y lo demás pasarlo por el chino.

PERDICES ESTOFADAS - 2

2 perdices
2 dientes de ajo
pimienta en grano
3 ramas de perejil
1/2 l de vino blanco
50 ml de aceite
vinagre

75 g de zanahorias
75 g de cebollas
30 g de apio
30 g de escalonia
tomillo
laurel
clavo

Las perdices se dejan en adobo con todos los ingredientes (las verduras cortadas en rajitas finas) durante 24 horas.

Después se sacan las perdices, se escurren bien y se ponen a dorar en aceite. Se quita la grasa que quede al dorar y se añade todo lo del adobo. Se deja cocer tapado y a fuego lento hasta que las perdices estén tiernas. Entonces sacar las perdices, añadir a la salsa una cucharada de harina y dejar cocer diez minutos. Pasarla por el chino y ponerla al fuego media hora más con cebollitas y patatas, que se habrán dorado un poco antes.

En el último momento añadir las perdices cortadas.

PERDICES A LA VINAGRETA
(6 personas)

3 perdices
1 vaso de aceite
1/2 vaso de vinagre
2 dientes de ajo

2 cebollas
4 zanahorias
laurel
pimienta, sal

Se ponen en una cazuela todos los ingredientes se tapa y se deja cocer tres horas a fuego lento. Las cebollas y las zanahorias se cortan en rodajitas muy finas.

POLLO ASADO

1 pollo
1 copita de jerez
1 diente de ajo

1 cebolla
2 tomates

El pollo, bien limpio, se unta por dentro y por fuera con sal y pimienta se ata. Se pone en la cazuela con la cebolla, aceite, tomate y ajo, y se deja cocer despacio y tapado. A media cocción se le echa el jerez.

También se puede hacer en el horno.

POLLO CON BEICON

1 pollo
1 vaso de vino blanco
crema de leche

100 g de beicon
mantequilla
champiñones

Asar el pollo entero en el horno con mantequilla, tiras de beicon, pimienta, sal y el vino. Cuando le falta poco añadir champiñones y crema de leche.

POLLO CON CIRUELAS

1 pollo
200 g de ciruelas
1 vaso de vino blanco
50 g de piñones
pimienta

harina
100 g de pasas
hierbas
sal

Cortar el pollo en cuartos, pasarlo por harina y hierbas y freírlo. Se pone en una cazuela con el resto de ingredientes y un poco de agua y se deja cocer lentamente hasta que esté tierno.

POLLO EN «COCOTTE»

1 pollo
1 copita de coñac
2 copitas de jerez
1 lata de champiñones

250 g de cebollitas
mantequilla
trufa
patatas

Limpiar el pollo, atarlo con un cordel y salpimentar por dentro y por fuera. Se pone a dorar en aceite. Cuando está dorado, añadir las cebollitas y cuando se doran un poco, el jerez y el jugo de los champiñones. Al cabo de un rato se echan los champiñones cortados en láminas y la trufa picada, se tapa la cazuela y se deja cocer a fuego lento.

Las patatas se cortan en forma de bolitas y se fríen en aceite.

Cuando ya le falta poco al pollo para acabar la cocción se pone en una *cocotte* (cazuela alargada) con las patatas, el coñac, un poco de mantequilla, y se rectifica de sal y pimienta. Meter en el horno, tapado, una media hora.

Queda más bonito servirlo entero en la misma *cocotte,* pero también puede servirse cortado.

POLLO AL CURRY

1 pollo
2 ramitas de perejil
1 cucharada de curry
100 ml de puré de tomate
pasas de Corinto

1 cebolla
1 zanahoria
50 g de mantequilla
100 ml de crema de leche

Trinchar la cebolla y la zanahoria, dorarlas en la mantequilla con las ramas de perejil sin hojas. Añadir el curry y un vaso de agua o de caldo y dejar cocer diez minutos. Agregar el tomate y dejarlo cocer cinco minutos más. Añadir el pollo cortado en ocho trozos y una cucharada de pasas, taparlo, y dejar cocer muy lentamente alrededor de una hora, moviéndolo de vez en cuando. En el último momento añadir la crema de leche y no dejar que hierva.

Acompañar con arroz blanco, o con coco rallado y cacahuetes.

POLLO AL CHAMPAÑA

1 pollo
2 manzanas verde doncella
150 g de ciruelas deshuesadas

250 g de cebollitas
1/2 l de champaña
aceite, sal

Dorar el pollo cortado en cuartos en aceite y reservar. Dorar las cebollitas y las manzanas cortadas en cuartos en el mismo aceite. Volver a poner el pollo, añadir el champaña, las ciruelas, la sal y dejar cocer a fuego lento media hora.

MUSLITOS DE POLLO CON CHAMPIÑONES

8 muslitos de pollo
200 g de champiñones
1 cebolla mediana

1 zanahoria
1 tomate

Los muslos de pollo se lavan bien y se sazonan con sal y pimienta.

La cebolla se pica bien y se sofríe en aceite con la zanahoria cortada en rodajitas muy finas. Cuando está dorada se añade el tomate rallado o hecho puré y se deja cocer diez minutos. Se añaden los muslitos, se dejan dorar un poco y se echa un vaso de agua, tapándolo y dejándolo cocer despacio. Entonces se añaden los champiñones, lavados en varias aguas y cortados en láminas finas y se dejan cocer cinco minutos.

POLLO FRITO - 1

Cortar un pollo en octavos. Pincharlo con un tenedor por todos lados y ponerlo a macerar con aceite, limón sal y pimienta durante varias horas, dandole vueltas de vez en cuando.

Escurrirlo y freírlo con abundante aceite. Ponerlo en una cazuela, añadir el adobo, taparlo y dejarlo cocer a fuego lento unos minutos.

POLLO FRITO - 2

Se adoba el pollo como en la receta anterior, añadiéndole si se quiere alguna hierba aromática.

Una vez escurrido, se reboza en huevo batido y pan rallado y se fríe en abundante aceite no demasiado caliente, para que los trozos de pollo se cuezan bien por dentro.

Se sirve enseguida.

POLLO AL LIMÓN

Un pollo, bien limpio, se rellena con un limón partido por la mitad, y una pastilla de caldo concentrado. Se mete en el horno hasta que esté cocido y muy dorado.

POLLO CON PIÑA

1 pollo
1 lata de piña
azúcar

1 cebolla
mantequilla

Cortar el pollo en ocho trozos, salpimentar y freírlo hasta que esté muy dorado y añadir la cebolla picada. Cuando está casi hecha, añadir el jugo de la piña, tapar y dejar cocer a fuego lento. Cuando el pollo está cocido se saca y la salsa se pasa por el chino.

Poner las rodajas de piña en la sartén con un poco de mantequilla y azúcar y dorarlas.

El pollo se sierve en una fuente con la salsa y la piña.

POLLO A LA VINAGRETA

1 pollo
zanahoria rallada
vinagre, sal
pimienta en grano

cebollitas
aceite
laurel
hierbas de Provenza

El pollo, muy limpio y cortado a octavos, se pone en una cazuela con un cacillo de aceite, uno de vinagre y los demás ingredientes. Se tapa la cazuela y se deja que vaya cociendo muy poco a poco.

PECHUGAS AGRIDULCES

4 pechugas
4 rodajas de piña de lata

2 manzanas

Salpimentar las pechugas y ponerlas con aceite en una cazuela de barro tapada a fuego lento. A mitad de cocción añadir las manzanas cortadas finas y las rodajas de piña troceadas. Subir el fuego para que las pechugas se doren y añadir el zumo de la piña. Acabar la cocción a fuego lento.

PECHUGAS CON ALMENDRAS

4 pechugas
2 cucharadas de zumo de limón
1/2 vaso de vino blanco
30 g de almendras crudas

1/2 cebolla
50 g de mantequilla
harina
sal

Pasar las pechugas por harina y ponerlas en una cazuela con la mantequilla y el limón. Tapar, dejarlas cocer diez minutos y sacarlas.

En la cazuela se pone el vino blanco y una cucharadita de cebolla rehogada de antemano, se deja cocer cinco minutos más y se vuelven a poner las pechugas hasta que esté todo cocido y un poco dorado. Se añaden las almendras cortadas en láminas.

PECHUGAS A LA CREMA

6 pechugas
50 g de mantequilla
2 cucharadas de harina
200 ml de crema de leche
pimienta en grano

1 cebolla
laurel
jerez
trufa
sal

Las pechugas, deshuesadas, se ponen en una cacerola con agua que las cubra, unos granos de pimienta, la cebolla cortada, sal y una hoja de laurel. Cuando están cocidas –unos diez minutos–, se sacan y se cuela el caldo.

En un cazo se pone la mantequilla derretida con la harina, se tuesta un poco, se añade medio litro del caldo de las pechugas poco a poco y se hace una salsa bechamel. Al final se le añade un poco de jerez y la crema de leche.

Poner las pechugas en una fuente de horno cortadas por la mitad, con una rodaja de trufa encima de cada una y cubiertas con la salsa. Se meten diez minutos al horno para que estén muy calientes.

PECHUGAS AL CHAMPAÑA
(6 personas)

6 pechugas
1/2 l de champaña
queso rallado

crema de leche
harina
mantequilla

Las pechugas, una vez deshuesadas, se cubren con el champaña y se dejan varias horas en remojo. Luego se hierven en el mismo champaña. Cuando están tiernas se sacan y se cortan a lo largo en tres trozos.

Con el champaña que ha quedado al cocer, más dos cucharadas de harina, sal, pimienta y mantequilla se hace una salsa bechamel. En total debe haber medio litro de líquido. Si no llega se añade crema de leche.

Añadir, si se quiere, jamón picadito o trufa.

En una fuente de hornear poner las pechugas, cubrir con la salsa, espolvorear con queso rallado y mantequilla y gratinar.

Se acompañan con arroz blanco.

PECHUGAS AL ROQUEFORT

4 pechugas
100 g de queso Roquefort
200 ml de crema de leche

mantequilla
harina

Pasar las pechugas por harina, sal y pimienta y freírlas en mantequilla lentamente. Escurrir la grasa.

Deshacer el queso en la crema de leche, añadirlo a las pechugas y dejar cocer cinco minutos. Justo para calentarlas.

MASA «BRISA» PARA TARTAS - 1

200 g de harina
100 g de mantequilla

1/2 vasito de agua
sal

Hacer un ruedo con la harina y en el centro poner la mantequilla o margarina en trocitos (no deben estar frías), el agua y media cucharadita de sal. (También se puede poner un huevo.) Se va recogiendo la harina poco a poco para que se mezcle con lo del centro hasta cerrar el círculo. No se tiene que amasar.

Hacer una bola. Taparla con un trapo o papel y dejarla reposar en la nevera media hora. Luego, estirarla con el rodillo y utilizar.

Si no hay tiempo para dejarla reposar, prescindiremos de ello.

MASA «BRISA» PARA TARTAS - 2

200 g de harina
80 g de mantequilla
2 cucharadas de postre de leche

1 huevo pequeño
sal

Hacer un ruedo con la harina y en el centro poner todo lo demás. Seguir el mismo procedimiento que en la receta anterior.

MASA «BRISA» PARA TARTAS - 3

200 g de harina
1/2 tacita de agua helada

1 huevo pequeño
100 g de mantequilla

La mantequilla debe estar fría de nevera. Se pone cortada en trozos en un bol con todo lo demás. Con un cuchillo se va cortando y mezclando los ingredientes.

Cuando está casi unido, acabar con las manos lo más rápido posible.

Esta masa es más hojaldrada que las otras y debe utilizarse enseguida.

«BRIOCHES» CON BECHAMEL

Se toman unos *brioches* pequeños, y se recorta con un cuchillo un círculo encima de cada uno que nos servirá para vaciarlos. Se rellenan con: bechamel espesa, jamón dulce picadito y queso rallado.

Se tapan de nuevo, se pasan un momento por leche y huevo batido y se fríen en abundante aceite muy caliente. Poner encima de papel absorbente y luego en la fuente. Se sirven enseguida.

Se puede prescindir del huevo batido.

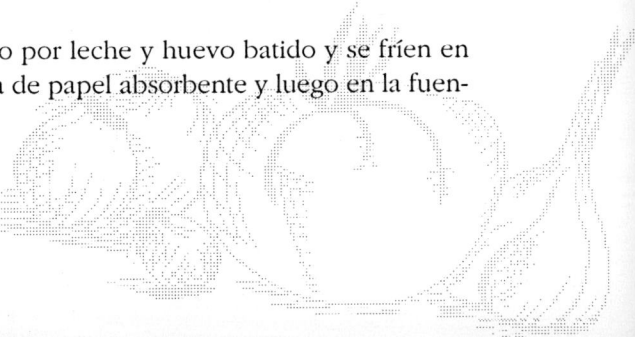

CANAPÉS DE NUEZ

pan negro alemán
queso crema de Gruyère

mantequilla
nueces

Mezclar mantequilla con nueces picadas. Con esta mezcla se untan rebanadas de pan negro. Encima se pone una lonja de queso y encima media nuez. Se recortan los bordes para que queden todos iguales. De una rebanada de pan salen dos canapés.

CONCHAS

Hacer una bechamel espesa con cebolla sofrita y añadir trozos de:
rape u otro pescado, almejas, gambas, etc. (todo previamente frito); o bien
trocitos de carne de cerdo y pollo asados.

Se llenan las conchas o platitos y se espolvorean con queso rallado y mantequilla. Meter en el horno a gratinar.

Esta bechamel ha de ser un poco menos espesa que la que se utiliza para hacer croquetas.

CROQUETAS

Hacer una salsa bechamel muy espesa con medio litro de leche, tres cucharadas de harina, sal, pimienta y nuez moscada. Se puede poner una cucharadita de sofrito de cebolla y trufa picada.

Se le añade: pollo asado y jamón serrano picados;
queso rallado en cantidad;
jamón dulce y huevos cocidos picados;
pescado frito o hervido triturado;
etcétera.

Cuando está todo unido, dejar enfriar y formar las croquetas rebozándolas en huevo batido y pan rallado.

Se fríen en abundante aceite hirviendo, echando solamente tres o cuatro a la vez. Se les da la vuelta y se ponen sobre papel absorbente antes de pasarlas a la fuente.

DIP DE AGUACATE

2 aguacates maduros
200 ml de crema de leche

zumo de limón
1 diente de ajo

Triturar los aguacates con la crema de leche, tres cucharadas de zumo de limón, pimienta, sal y una cuarta parte del diente de ajo machacado.

Se sirve en un recipiente pequeño con patatas fritas y cortezas de maíz alrededor.

DIP DE ANCHOA

2 latas de anchoas
200 ml de crema de leche

30 g de mantequilla
pimienta, sal

Triturarlo todo muy bien y servirlo con patatas fritas.
Se pueden sustituir las anchoas por sardinas en lata.

DIP DE QUESO

1 tarrina de queso para untar
200 ml de crema de leche
cebollino fresco

sazonador italiano
zumo de limón
pimienta, sal

Triturar el queso para untar con la crema de leche, dos cucharadas de zumo de limón, el sazonador italiano, la pimienta y la sal. Añadir cinco rabitos de cebollino fresco cortados muy pequeños. Se mezcla todo muy bien y se pone en un bol o en una col lombarda pequeña vaciada.

Se sirve con bastoncitos de zanahoria y de apio alrededor.

También se pueden poner patatas fritas.

EMPANADA
(8 personas)

350 g de manteca
3 huevos

700 g de harina

Poner la harina en la encimera y hacer un hoyo en el centro. Ponerle los huevos batidos, la manteca o mantequilla en trozos, tres cucharadas de agua y la sal. Se mezcla bien lo del centro y se va añadiendo la harina poco a poco. Cuando está todo unido se forma una bola y se deja reposar media hora en la nevera, tapado.

Cuando se va a utilizar, cortar un rectángulo de papel de aluminio del tamaño de la bandeja del horno y engrasarlo con aceite.

Espolvorear la encimera con harina, coger la mitad de la masa y extenderla con un rodillo, hasta dejarla de medio centímetro de espesor y de la medida del papel de aluminio. Se traslada a éste y luego a la bandeja del horno.

Poner el relleno dejando dos centímetros libres todo alrededor.

Estirar el resto de la masa y cubrir el relleno. Los bordes de la masa de abajo se doblan sobre sí mismos, cogiendo la masa de encima, para que quede bien cerrada la empanada. Se aprietan un poco.

Los restos de masa se extienden y se cortan en tiras para adornar la empanada. Pintar toda la empanada con huevo batido y meter en horno fuerte hasta que esté cocida y dorada la pasta.

Relleno:

Picar un kilo de cebolla y rehogar muy despacio.

Añadir una lata de medio kilo de tomate triturado y dejar freír mucho rato. Añadir dos pimientos rojos y uno verde asados y cortados en trozos.

Encima de la masa se pone lomo frito, o sardinas, o atún, o pollo asado. Se cubre con el sofrito y con el resto de masa.

EMPANADILLAS

100 g de mantequilla o manteca   harina

Hacer un ruedo con 250 g de harina. En el centro se pone la mantequilla o manteca de cerdo en trozos, medio vaso de agua fría y una pizca de sal. Se va mezclando y añadiendo la harina que haga falta hasta conseguir una masa suave. Extender con el rodillo para que quede lo más fina posible, doblar en dos pliegues y volver a extender. Se cortan redondeles con un vaso de agua.

En el centro de los redondeles poner una cucharada pequeña de relleno, mojar con agua la mitad del redondel y cubrir con la otra mitad. Se aplastan los bordes con un·tenedor y se fríen en abundante aceite muy caliente.

Relleno:

Atún en lata, salsa de tomate, pimiento rojo, huevo duro, piñones.

Pasas, piñones, aceitunas y huevo duro; todo muy picado.

Salchichas sacada de su piel, picadas y fritas mezcladas con jamón o un sobrante de carne.

Bechamel con picadillo de jamón y lomo frito con cebolla.

Se le añade una yema de huevo al final.

EMPAREDADOS FRITOS

Cortar rebanadas de pan de molde por la mitad. Hacer emparedados con jamón serrano. Se mojan con leche y se rebozan en huevo batido y rallado. Freír en abundante aceite muy caliente. Se ponen encima de papel absorbente y se sirven enseguida.

También se pueden rellenar con bechamel de queso o jamón.

Sirven para acompañar verduras; o como plato, acompañados de ensalada.

EMPAREDADOS DE PATATA

Se hierven unas patatas enteras, mejor con piel, se pelan y se cortan en rodajas de un centímetro. Se hacen emparedados con jamón en medio, se rebozan con huevo batido y se fríen en abundante aceite muy caliente.

PALITOS DE QUESO

100 g de queso rallado
2 cucharadas de leche
pimienta

100 g de mantequilla
100 g de harina
sal

Mezclar bien todos los ingredientes y meter la masa que resulta en una manga de pastelería.

Se van haciendo bastoncitos encima de una placa de horno engrasada con mantequilla. Dejar separaciones de cinco centímetros.

Meter en horno medio hasta que se empiecen a dorar los bordes.

Dejar enfriar antes de servir.

Guardar dentro de una lata si no se toman el mismo día.

PIZZA

Para hacer la masa, deshacer 10 g de levadura de pan en medio vasito de agua caliente. Añadir una cucharada de aceite, sal y 175 g de harina. Se mezcla bien, se forma una bola que se espolvorea con harina y se deja reposar, fuera de la nevera, una media hora hasta que aumente al doble su tamaño.

Se estira muy fina y encima se le pone: salsa de tomate, mucho queso mozzarela en trozos, orégano, sal y un chorro de aceite de oliva.

Se le puede añadir lo que se quiera: champiñones, jamón en dulce, huevo, etc.

También puede comprarse la masa de pizza congelada.

PIZZA NAPOLITANA

Forrar un molde de tarta con masa para pizza. Poner por encima chorritos de aceite de oliva y encima montoncitos de diversas verduras hervidas (judías verdes en trocitos, guisantes, zanahorias en rodajas, espárragos...). Se extiende por encima cebolla frita picada, y tomate crudo trinchado, sin jugo. También se ponen trocitos de pimiento frito y perejil picado. Adornar con tiras de queso de Burgos o mozzarela.

Meterla en horno fuerte y de vez en cuando moverla para que el aceite corra de un lado a otro. Al cabo de un cuarto de hora poner el horno a temperatura media.

PIZZA SENCILLA

Unas rebanadas de pan de molde se ponen a tostar en el horno encima de una placa engrasada con aceite.

Luego se cubren con tomate rallado, mozzarela, orégano, aceite y sal.

Se meten en el horno a gratinar.

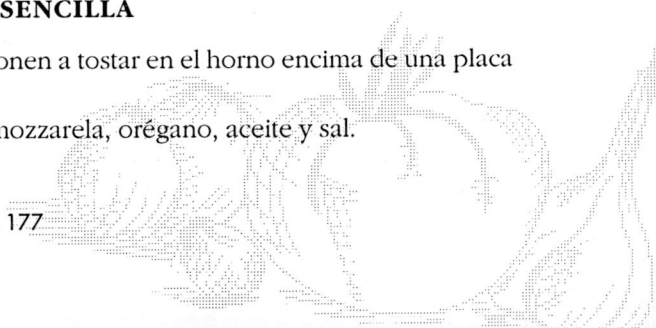

«QUICHE LORRAINE»

pasta *brisa*
2 huevos
queso Gruyère rallado

6 lonchas de beicon
sal
150 ml de crema de leche

Estirar la pasta *brisa* y forrar un molde de tarta. Picar la pasta con un tenedor y volver los bordes hacia fuera.

Cortar las lonchas de beicon en trocitos y ponerlos encima de la masa.

En un bol poner los huevos, dos pizcas de sal, la crema de leche y cuatro cucharadas de queso rallado. Batirlo y verterlo encima de la tarta.

Se deja cocer en horno medio durante una media hora hasta que esté cocido y dorado.

«QUICHE» DE SALMÓN

pasta *brisa*
2 huevos
1 huevo cocido
3 cucharadas de nata

300 g de salmón ahumado
1/2 l de bechamel
salsa de tomate

La pasta *brisa* se estira con el rodillo y se forra un molde de tarta. Se pincha el fondo con un tenedor y se mete en el horno diez minutos para que se cueza un poco.

La mitad del salmón se mezcla con la salsa bechamel y se tritura. Añadir una cucharada de salsa de tomate y los huevos. Batir, y añadir la nata mezclándolo a mano. Poner sobre la pasta y volver a meter en el horno hasta que esté cocido (una media hora).

La otra mitad del salmón se corta en tiras de doce centímetros de largo por uno de ancho. Con estas tiras y rodajas de huevo duro se adorna la *quiche*.

ROLLOS PARA APERITIVO

Se corta un pan de molde a lo largo en rebanadas y se untan con mantequilla. Se cortan los bordes.

Encima se puede poner: paté, o sobrasada, o jamón en dulce triturado, o salchicha de frankfurt.

Enrollar cada rebanada sobre sí misma y envolverla en papel de aluminio muy apretado. Se congelan y cuando se van a tomar se dejan descongelar un poco antes de cortarlas en rodajas.

ROLLITOS DE JAMÓN - 1

6 lonjas de jamón en dulce
6 cucharadas de maíz
3 rodajas de piña

salsa mayonesa
lechuga picada
pimienta, sal

Cortar la piña en trocitos muy pequeños y mezclarla con el maíz, la mayonesa espesa, pimienta, sal y lechuga. Poner dos cucharadas encima de cada lonja de jamón y enrollar.

Meter en la nevera hasta el último momento.

Se puede sustituir la piña por manzana.

ROLLITOS DE JAMÓN - 2

Se preparan igual que los de la receta anterior pero en vez de maíz y piña, se pone un espárrago. Una vez enrollados cubrir con azúcar y quemarlos en el último momento.

SÁNDWICH CLUB

pan de molde
huevo duro
jamón en dulce
restos de pollo

beicon
salsa mayonesa
tomate
lechuga

Tostar en el horno o tostador las rebanadas de pan.

Untarlas con mayonesa; poner encima lechuga picada, media lonja de jamón, rodajas de huevo duro, trocitos de pollo. Se vuelve a poner mayonesa, otra rebanada de pan, más mayonesa, una lonja de beicon hecha a la plancha, rodajas de tomate, rodajas de huevo duro, más mayonesa y se cubre con una tercera rebanada de pan.

SÁNDWICH DE JAMÓN Y PEPINILLO

pan de molde
jamón en dulce
lechuga picada

huevo duro
pepinillos
mayonesa

Hacer un picadillo con el jamón, pepinillos y huevo duro. Sazonar con sal y pimienta y añadir mayonesa espesa y lechuga. Se hacen emparedados con el pan de molde cortado muy fino. Cada rebanada se parte en dos para que queden pequeños.

TARTA DE CEBOLLA

pasta *brisa*
3 huevos
50 g de mantequilla
350 g de cebollas

1/4 de l de leche
75 g de jamón serrano
finas hierbas

Cortar las cebollas en láminas muy finas y sofreírlas con la mantequilla, tapadas y muy despacio, sin dejar que se doren. Al cabo de unos veinte minutos, se escurren bien de la grasa sobrante y se añade el jamón cortado en trocitos, sal, pimienta, las hierbas finas y los huevos, que se habrán batido con la leche.

Forrar el molde con la pasta *brisa,* verter la crema que hemos preparado y meterlo en horno medio hasta que esté cuajado. Debe quedar dorado y subir un poco.

TARTA DE ENDIBIA

pasta *brisa*	6 endibias
100 g de beicon	200 ml de crema de leche
40 g de mantequilla	2 huevos
50 g de queso Gruyère rallado	

Limpiar las endibias y cortarlas muy finas. Ponerlas en una cazuela con la mantequilla, a fuego fuerte, para que suelten su agua. Después bajar el fuego.

Forrar un molde de tarta con la pasta *brisa,* pinchar todo el fondo con un tenedor y meterlo en horno fuerte diez minutos.

Batir los huevos con la crema de leche, sal y pimienta, añadir las endibias y el beicon, mezclar y rellenar la tarta.

Hornear durante media hora aproximadamente. Servir muy caliente.

TARTA DE PUERRO - 1
(6 personas)

pasta *brisa*	1 manojos de puerros
1/4 de l de leche	1/4 de l de nata líquida
4 huevos	50 g de mantequilla
nuez moscada	100 g de queso Emental rallado

Utilizar solamente la parte blanca de los puerros. Se lavan bien, se cortan en rodajitas muy finas y se sofríen tapadas a fuego lento con la mantequilla, sal y pimienta. Se dejan escurrir para eliminar el exceso de grasa.

Forrar un molde con la pasta *brisa* y poner encima los puerros.

Mezclar la leche, nata, huevos, nuez moscada, sal y pimienta. Añadir el queso rallado, batir y verter encima de los puerros. Se mete en el horno, a temperatura media, hasta que esté cocida.

TARTA DE PUERRO - 2
(6 personas)

pasta *brisa*	300 g de puerros
400 ml de leche	75 g de tocino magro
30 g de harina	60 g de mantequilla
nuez moscada	

Lavar muy bien los puerros y cortar en rodajitas finas la parte blanca. Sofreír tapado y lentamente en la mantequilla. A media cocción se añade el tocino cortado fino (optativo).

Cuando los puerros están hechos, sin haber llegado a dorarse, añadir la harina, remover y agregar la leche, caliente, poco a poco. Se adiciona la pimienta, sal y nuez moscada y se deja cocer lentamente veinte minutos, revolviendo con una cuchara.

Forrar un molde con pasta *brisa* y rellenar con el preparado. Hornear a temperatura media hasta que esté dorado.

Servir muy caliente.

TOSTADAS CON BECHAMEL

Freír rebanadas de pan de molde (se pueden tostar en el horno).

Hacer una bechamel espesa y añadir trufa y champiñones que habremos cortado y rehogado en mantequilla. Se pone encima de las tostadas y se sirven.

La bechamel puede ser de queso y añadirle una yema de huevo.

También queda muy bueno rebozado con huevo y pan rallado y frito. Entonces se pone el pan sin freír ni tostar. Se fríe primero el lado por donde está el relleno.

VOLOVANES

Se compran hechos y se rellenan de:

Bechamel espesa con champiñones en láminas y una cucharada de jerez.

Bechamel espesa hecha con el jugo de una lata de espárragos y leche. Se le añaden los espárragos cortados en trocitos.

Bechamel espesa con jamón en dulce cortadito y queso rallado.

Se pueden poner además huevos duros en trocitos.

GLOSARIO

ALIÑAR: Condimentar. El aliño más frecuente es: aceite, vinagre o zumo de limón y sal.

AMASAR: Trabajar una pasta con las manos.

BAÑO MARÍA: Cocer o calentar un alimento dentro de un recipiente introducido en otro mayor que va al fuego con una cuarta parte de agua hirviendo. Se emplea cuando se quiere que no hierva un alimento.

CALDO CORTO: Caldo vegetal con especias y vino. Especial para pescados.

CLARIFICAR: Dejar limpio de espuma o impurezas algún caldo, salsa o mantequilla derretida.

COCER: Poner al fuego un alimento con líquido y hervirlo para hacerlo más blando y comestible.

CONSOMÉ: Caldo muy rico en jugos de carne.

CHINO: Colador de forma cónica y agujeros muy pequeños.

DESGLASAR: Disolver, mojando con algo de líquido, el jugo caramelizado del fondo de una cazuela.

DESLEÍR: Disolver la harina o yemas de huevo con un poco de líquido, removiendo para que no se formen grumos.

DESGRASAR: Retirar el aceite o grasa sobrante de una sopa o salsa.

DORAR: Dejar freír un alimento en grasa hasta que adquiera un bonito color oscuro.

EMPANAR: Pasar un alimento por huevo y pan rallado.

ENGRASAR o untar: Pintar de grasa un alimento o molde.

ENHARINAR: Pasar un alimento por harina, para freírlo.

ESCALDAR o blanquear: Meter un alimento en agua hirviendo, para sacarlo enseguida y ponerlo en agua fría. Por ejemplo, para pelar cebollitas y tomates.

ESCALFAR o pochar: Cocer en un líquido al borde de la ebullición (huevos, pescados).

ESPUMAR: Retirar con una cuchara o espumadera las impurezas que forma el caldo.

ESTOFAR: Cocer casi sin líquido y cubierto.

FLAMEAR: Echar un chorro de coñac u otra bebida alcohólica sobre un alimento y encenderlo.

GRATINAR: Meter en el horno un alimento, espolvoreado casi siempre de queso, para obtener una ligera coloración.

HIERBAS AROMÁTICAS: Si no se especifica lo contrario son: una ramita de perejil, una de tomillo y media hoja de laurel.

JULIANA: Cortar en juliana es cortar las verduras en tiras muy finas.

LIGAR: Dar consistencia cremosa a una salsa por medio de yemas de huevo, crema de leche o harina.

MARINAR o adobar: Poner en adobo las carnes y pescados con objeto de aromatizarlos y conservarlos. El adobo más corriente es: zumo de limón, aceite, perejil, laurel, pimienta y tomillo. También se puede poner zanahoria, cebolla y puerro, cortado todo en láminas finas.

MONTAR: Batir una sustancia para que adquiera volumen (claras de huevo, salsa holandesa, etc.).

NAPAR: Recubrir un alimento de salsa o crema un poco consistente.

RALLAR: Raspar con el rallador.

REDUCIR: Hacer hervir, sin tapar, un líquido o una salsa para que disminuya su cantidad y obtenga más consistencia.

REHOGAR: Hacer dorar suavemente en grasa un alimento.

SALTEAR: Freír con poca grasa a fuego vivo.

SAZONAR: Poner a un alimento sal, pimienta u otras hierbas.

SOFREÍR: Freír los alimentos a fuego suave hasta que tomen color dorado y se desprendan del aceite.

TAMIZAR: Pasar por un colador o cedazo fino.

TORNEAR: Dar forma redondeada a las patatas, zanahorias, etc...

VAPOR: Cocer al vapor es cocinar un alimento en una rejilla, encima de agua hirviendo, sin que ésta llegue a tocarlo. Se cuece tapado.